供应链管理

未来赢在供应链

李金波◎著

Supply
Chain
Management

The Future
Wins in the
Supply Chain

中国纺织出版社有限公司

内 容 提 要

现代企业应如何打造供应链竞争优势，才能在行业中脱颖而出，是现阶段每个企业管理者，尤其是从事供应链管理工作的人，需要深度思考的问题。本书全面系统地阐述了供应链管理的发展与演变、供应链的六大衡量指标、供应链四道防线、物联网与智能供应链等内容，既有理论知识，又有经典实操案例，集系统性、实践性、可操作性于一体。本书既有理论知识，又有经典的实操案例，对供应链管理、运营、销售等从业人员来说具有较强的参考性。此外，企业中高层管理者也可通过阅读本书了解供应链管理的实用知识，为具体的企业管理工作提供帮助。

图书在版编目（CIP）数据

供应链管理：未来赢在供应链 / 李金波著 .—— 北京：中国纺织出版社有限公司，2021.12

ISBN 978-7-5180-9009-9

Ⅰ.①供… Ⅱ.①李… Ⅲ.①供应链管理 Ⅳ.①F252.1

中国版本图书馆CIP数据核字（2021）第214738号

策划编辑：史 岩　 责任编辑：陈 芳
责任校对：寇晨晨　 责任印制：储志伟

中国纺织出版社有限公司出版发行
地址：北京市朝阳区百子湾东里 A407 号楼　邮政编码：100124
销售电话：010—67004422　传真：010—87155801
http://www.c-textilep.com
中国纺织出版社天猫旗舰店
官方微博 http://weibo.com/2119887771
天津千鹤文化传播有限公司印刷　各地新华书店经销
2021 年 12 月第 1 版第 1 次印刷
开本：710×1000　1/16　印张：13
字数：161 千字　定价：48.00 元

序 _

经济新常态下，企业怎么办？

全球经济危机的大爆发宣告了世界经济步入"大调整"与"大过渡"时期。中国GDP增速从2012年起开始回落，2012年、2013年、2014年上半年增速分别为7.7%、7.7%、7.4%，是经济增长阶段的根本性转换，这意味着中国告别了过去30多年平均10%的高速增长，进入了一个与高速增长期不同的新阶段。

经济新常态是经济发展由之前的粗放型、数量型、传统型向集约型、质量型和创新型转变，其核心在于形成新的市场经济规则、运行机制、市场结构和模式。

如今我国已经成为世界第二大经济体，并且是全球经济发展的主要动力源，因此，我国必须重视全球供应链的构建与管控，通过全球供应链战略，重塑国家竞争力，实现从经济大国向经济强国的转变。2017年10月，国务院办公厅印发了《关于积极推进供应链创新与应用的指导意见》，这标志我国已经把现代全球供应链建设上升为国家战略高度。

就企业而言，企业要生存、要发展，必须与时俱进，与国家战略保持一致，打造自己的供应链竞争优势，以应对未来的不确定性。企业如何打造供应链竞争优势，才能在行业中脱颖而出，是现阶段每个企业管理者，尤其是从事供应链管理工作的人，需要深度思考的问题。

《供应链管理——未来赢在供应链》全面、系统地阐述了供应链管理的发展与演变、供应链的六大衡量指标、供应链的四道防线、跨境供应链、物联网与智能供应链等内容。本书集系统性、可操作性于一体，既有理论知识，又有经典的实操案例，对供应链管理、运营、销售等从业人员来说具有较强的参考性。此外，企业中高层管理者也可通过阅读本书了解供应链管理的实用知识，为具体的企业管理工作提供帮助。

李金波

2021 年 7 月

目 录
CONTENTS

第九章

全球一体，打造跨境供应链

第十章

未来已来，物联网与智能供应链

第一章

红海时代，
必须向供应链要利润

红海时代，利润正无限趋近于 0

这是一个最好的时代，每一个消费者都可以快捷、便利地购买到物美价廉、各式各样的商品，充分享受到物质丰富带来的生活水平提升。由于互联网重构了传统商业逻辑和生态，即使毫无资源的普通人也能在网上实现超低成本创业。

这是一个最坏的时代，互联网使商业信息变得越来越透明，消费者可以在几秒钟快速找到同款商品的全网最低价，生产厂家也可以快速找到性价比最高的生产原料供应商，每个人都可以借助互联网深度了解一个行业从生产到销售的全过程、全环节，伴随着互联网带来的信息扁平化，商业领域也逐渐进入了一个新时代——红海时代。

这是一个无限接近完全竞争的时代，低价成为很多企业攻击竞争对手的最有力武器。与此同时，低价对企业而言是一把"双刃剑"。激烈的竞争让商品的成本和价格变得越来越透明，企业与企业之间的竞争甚至演变成了赤裸裸的成本竞争，谁的成本更低，谁就能占据价格优势，从而通过规模优势实现逆风翻盘，占据市场高地。

在市场产能过剩和同质化的竞争下，所有行业的利润都几乎为零。可以毫不夸张地说，我们正在进入一个做什么都不赚钱的时代。这句话绝不是空穴来风。

7元钱5斤大葱还顺丰包邮、2元钱一大盒包邮的头绳、邀请朋友助力商品免费拿、5元包邮的拖鞋质量还挺好、超市里十几元钱的削皮刀网上只卖五六元……不少消费者在收到商品后都会发出灵魂之问：商家卖这么便宜，不会亏本吗？还能赚到钱吗？

更令人惊奇的是，已经非常低价的商品常常还会附带"好评返现券"，只需拍照发好评，甚至会出现购买商品不仅不花钱，反而还赚几元钱的现象。

当广大消费者在为这些"物美价廉"的商品喜笑颜开时，商家那里则是另一番截然不同的景象。众所周知，淘宝网的商品已经很便宜，但拼多多上的商品更便宜，如今，在拼多多上一件商品利润几角钱早已不是什么新鲜事，甚至还有零利润、亏钱甩卖等。

从社会发展的角度来讲，淘宝、拼多多的先后出现不是偶然，而是一种商业必然。当互联网打破竞争的地区壁垒、空间壁垒后，必然会导致商业竞争的加剧。

以一家服装店为例，在传统商业时代，它只需要和本条街、本城市的同品类服装店竞争，且消费者要想货比三家往往需要花费更多时间成本、交通成本、体力成本等；到了互联网时代，一家服装店的竞争者多到上万家，除了与本地的同行竞争外，还要面临网上全国各地同品类电商的市场挤压，且消费者货比三家的成本大幅降低，只需手指点一点，几秒钟就能获取到更多商品信息。互联网对商业竞争的影响呈现出指数级特征，无比激烈的竞争让绝大多数行业都变成了"红海"市场。

在这个商业红海时代，每一家企业都面临着越来越严峻的挑战：

一是激烈竞争导致的商品价格走低、利润下滑，即便花重金打造品牌，也要越来越吃力地去对抗互联网带来的"去品牌化"趋势。

二是竞争扩大化带来的生存压力越来越大，过去抢饭碗的一般是同行，今天跨界抢饭碗已经成为一种常态，对于企业来说，很难精准判断自己的竞争对手是谁、在哪儿。

三是经济的快速发展，让企业的生命周期越来越短，现在还是行业龙头的企业，可能几个月后就面临破产倒闭，互联网让企业不得不快速奔跑。

四是不断涌现的新技术正在不断改变我们的生产生活方式，重构整个商业逻辑和经济业态，从无人驾驶到智能音箱，从人工智能到客服机器人，技术改变生活，也让商业领域时刻处于快速变化中。

无数困境摆在眼前，企业如何应对？既然商品利润越来越低，那么商家今后究竟该怎么赚钱？实际上，这已经不是个别企业的难题，而是整个商业领域都面临的困境，是所有企业领导者必须研究的难点课题。

美国连锁超市Costco的经营方式是一个非常有参考价值的商业案例。Costco超市中的商品价格很低，低到几乎等同于商品的出厂价，他们不通过采购价与售价之差来赚取利润，而是通过收取会员费来盈利。

"公司所采取的一切行动都是为了给会员提供更好的服务，为了扩大会员数量。"这句简单的话道出了Costco的商业逻辑。

在美国，有超过90%的家庭必备一张Costco会员卡，一张Costco会员卡的会员费是60美元，美国有8300万个家庭，Costco每年仅会员费就可以赚上亿美元！更令人吃惊的是，Costco会员卡续签率高达91%。

那么，Costco凭什么收取会员费，广大消费者又为什么愿意支付会员费呢？Costco一直在帮会员做最好的购物选择！Costco每个品类的商品只有两三种，其商品以高性价比的爆款为主，通过整合供应链，为会员提供最优质的低价产品。

Costco把卖货赚差价的传统商业逻辑变成了帮助会员做供应链整合赚会员费的新商业模式。从Costco在商业上的巨大成功，我们很容易发现"供应链"的巨大商业价值和发展潜力。

在商品利润正无限趋近于0的商业红海时代，企业要想在困境中突围，要想在市场疲软、竞争加剧的大环境中生存下去，就不得不倒逼供应链升级，向供应链要效率、要利润、要生存空间。

| 逆境突围：向供应链要利润 |

供应链是指以满足客户需求为目的，围绕企业核心，通过信息流、物流、资金流控制，从采购原材料开始，制成中间产品以及最终产品，最后由销售网络把产品送到消费者手中的，将供应商、制造商、分销商、零售商直到最终用户连成一个整体的功能网链结构模式。

供应链的盈余来自顾客总收益与供应链消耗的总成本之差。例如，顾客花100元购买一把电动牙刷，电动牙刷的成本是70元，那么，毛利=100-70=30（元）。事实上，超市及供应链其他环节诸如库存、运输、物流转移等成本都属于供应链的成本，假设供应链成本为

9元，那么，供应链的盈余＝30-9=21（元），这才是企业真正产生的利润。

供应链的目标是通过节省成本的方式将供应链整体价值最大化，从而提高利润。美国Kearney咨询公司曾指出，供应链可耗费整个公司高达25%的运营成本，而对于一个利润率仅为3%~4%的企业而言，哪怕降低5%的供应链成本，也足以使企业的利润翻番。

由此可见供应链成本管理对企业利润的影响之大，把握了供应链成本就是把握了真正的核心竞争能力。供应链设计不好，成本控制不好，就会阻碍公司发展，甚至导致公司失败。

捷威公司成立于1985年，是美国一家个人计算机制造商，从成立之初，捷威公司就没有自己的零售店，属于直销企业。1996年，捷威公司是第一批在线销售个人计算机的大型制造商之一，并且没有自己的零售店。

1996年以后，捷威公司开始了门店零售计划，不过在零售店是没有计算机样品的，只是帮助顾客正确地选择购买产品配置。也就是说，顾客去捷威公司的零售店，当天是拿不到商品的，公司需要将个人计算机都汇总到生产厂，然后由装配厂将产品发给顾客。

起初，捷威公司的效益一直不错，股票价格一路高涨，但到了2002年年底，捷威公司股票价格从之前的每股80美元一路跌到了每股不足4美元，捷威公司损失惨重。2年后，捷威公司关闭了所有零售终端，并减少了可提供给顾客的配置，直到2007年被收购。

捷威公司成立初期，没有零售店，没有库存压力，只提供配置服务，但由于个人计算机发展速度很快，特别是苹果的出现，将高品质计算机展现在门店，顾客可以直接购买，相比捷威公司优势非常明显，从而让捷威的模式慢慢地失去了供应链的优势。

无独有偶，若不是近年来国潮重新火爆起来，李宁体育用品有限公司几乎面临和捷威公司一样的命运。2008年，得益于奥运会，李宁体育用品有限公司进入了快速发展时期，不断扩张，危机出现在2009年，而引发危机的正是库存，2011年，库存压力到达了顶峰，库存成本高达10亿元。

这两个案例说明供应链一旦出现问题，可以让企业瞬间崩塌。我们再来看看麦当劳，它与捷威公司、李宁体育用品有限公司不同，是一个擅长向供应链要效益的公司，它的玩法也非常极致——向房地产要效益。

麦当劳是一家世界级的连锁企业，它是靠什么来盈利的呢？是靠汉堡包销售吗？其实麦当劳的汉堡包利润非常少，甚至不赚钱，众所周知，麦当劳的汉堡包品质非常好，要用最好的牛肉、最好的面包、最好的油，而且对销售时间有严格要求，如果过了时间销售不出去，就要扔掉，可见其成本是非常高的，再加上房租、员工工资，以及推广费用，麦当劳的汉堡包几乎是赔本赚吆喝。

不过，汉堡包是麦当劳的主打产品，也是吸引消费者走进麦当劳的主要原因之一。既然汉堡包不赚钱，那么，麦当劳靠什么赚钱呢？主要包含三部分，分别是赚小钱、赚中钱、赚大钱。

赚小钱指的是麦当劳产品中赚钱的往往是那些不被人注意的产品，

如可乐、薯条等小产品。

赚中钱指的是依靠供应链盈利，在全球麦当劳有几万家门店，所需要的牛肉、土豆、面粉的数量非常大，麦当劳通过集中采购，就能节省不少成本。但这只是原因之一，更高明的是它通过改造供应链来降低成本，而降低成本的办法也别出心裁，在供应商身上下功夫。

假设一斤土豆的价格是3元，亩产5000斤。现在麦当劳公司为农场免费提供土豆种植改良技术，可以大幅提高土豆的亩产量，从过去的亩产5000斤增到15000斤，农场就可以把每斤土豆的价格从3元降到1.5元，这样一来，农场和麦当劳公司都能从中获利，皆大欢喜。

令人意想不到的是，麦当劳的主要利润来自房地产，即赚大钱，麦当劳通过专业选址能力来获取房地产增值。那么麦当劳是怎么让房地产增值的呢？通过卖汉堡包和打造麦当劳的餐饮文化，建立起麦当劳商圈，再通过麦当劳商圈拉动海量的人流量来到麦当劳以及附近的商圈，从而主动、直接地推动房地产价格的提高。

麦当劳公司通过买断整个土地建筑房屋、长期持有、转租加盟商等方式，使房地产有了升值的巨大空间。麦当劳的财务报表显示，三分之一的收入来自直营，三分之二的收入来自加盟，在加盟费里收取的重要收入就是房地产增值的收益。

是不是很吃惊？原来以靠卖汉堡包而闻名的麦当劳公司其实是最牛的房地产公司。

｜用力挤掉供应链中的水分｜

供应链总成本构成包括订货管理成本，材料购置成本，订单处理成本，运输、仓储、配送成本，制造成本，销货成本，总的供应链管理成本，供应链相关的财务与计划成本，供应链相关的信息技术成本，通信成本、售后服务成本，退回过程成本，合作的机会成本，供应链整合成本。

要挤掉供应链中的水分，我们就要对供应链成本产生重要影响的环节、流程或职能活动的成本进行分析，找出使其成本减低或改善的一些重要途径。

（一）优化产品设计

产品的成本有一部分是由设计阶段决定的，在优化产品设计方面，我们可以采取以下措施降低成本。

1.延迟产品差异化设计

延迟产品差异化设计就是在产品设计过程中将差异化延迟到产品的最后环节，这样既能满足消费者的差异化、定制化需求，又能实现产品的批量生产和运输，降低因每种产品都需要一定的库存量而导致库存成本的增加。

创业者陈富云研发出一种名为"数码试衣"的智能互联化营销模式，顾客到试衣店，站在智能终端机上，2秒钟后就可完成对人体4800个坐标点的精确测量。提取85个人体数据后，再在终端机数据库中，自由创意组合，选择、设计、修改服装的面料、版型、颜色、款式等，即可合成称心的个性化服装。

这一模式让顾客做到了量体裁衣，下单前，顾客选好的服装可通过宽6米、高3米的高清晰仿真视频系统，将DIY的成果、试穿的效果像照镜子一样显示出来。

这种营销模式减少了库存积压、商场租金等费用，大幅降低了成本，顾客购衣的价格大大低于传统服装店，在市场竞争中占有一定的优势，由此吸引一家英国风投公司的2000万英镑（相当于人民币2.22亿元）先期投资。

2.在产品设计上想方设法降低运输成本

产品设计及产品的内外包装设计要充分考虑到运载工具的尺寸规格、装载数量，从而提高车辆的积载率，降低产品的运输成本。

宜家在产品设计上，会尽最大可能考虑节省运输成本，公司奉行的一个原则是"运送空气是昂贵的"，会煞费苦心地研究如何包装成体积最小的箱盒，这无关产品的大小，哪怕是小小的咖啡杯，也会精打细算，宜家的咖啡杯通常是宽口下缩，这样设计的目的就是方便摞起来，节约空间。

（二）实施面向供应链的生产组织计划管理

在当前的市场环境下，采用一种以顾客需求驱动的面向供应链的生产组织计划模式来组织生产，可以有效地降低库存成本，比如海尔的"闭环形"模式。

海尔从过去的"精益产品导向"转向"对客户的敏捷反应导向"，使通过全球营销网络获得的订单形成统一的"信息流"，海尔依此对采购、配送、生产、物流等诸多环节进行管控，从而减少库存占用资金、加快资金周转，有效避免产品积压风险。

（三）加强供应链采购管理

在生产企业的产品成本构成中，采购的原材料及零部件成本要占企业最终销售价值的40%~60%，甚至高达80%，降低采购成本对降低供应链的总成本，提升企业竞争力至关重要。加强供应链采购管理，我们可以从以下两个方面进行优化：

一是协同采购模式取代传统采购模式。以苏宁电器为例，随着"门店＋苏宁易购＋乐购仕"战略的三管齐下，面对2万多家供应商、几十万种商品，苏宁不仅在库存管理上投入巨额成本，而且总是为品类、批次、验收、入库和运输等环节投入重复性沟通成本。

为此，苏宁向供应商开放后台系统，供应商可以随时查看自己产品每天的"进销存"情况，降低双方在订单上的沟通成本，提高订单响应程度。

二是采用集中采购模式代替传统的分散采购。沃尔玛商品的价格通常比同行低，这是因为它最大限度地压低了成本，沃尔玛大批量采购货物，而且是直接从厂商采购，避开批发商，减少了中间环节，避免了被盘剥，大幅降低了成本。由于采购量巨大，能把厂商的出货价格压到最低。

（四）优化供应链配送系统

当企业拥有多种产品线时，不能对所有产品都按同一标准的顾客服务水平来配送，而应按产品的特点、销售水平设置不同的库存、不同的运输方式以及不同的储存地点，采用差异化策略降低配送成本。

由于海信的品类多、单笔量小，不仅让海信在二次调拨中，增加自身成本，同时也使占海信配送业务量58%的中远物流，每增加1次运输就意味着成本累加1次。

为了解决这个问题，中远将过去按照海信指令被动配送的做法改为主动为海信制订配送计划，中远根据过去对海信业务配送的历史数据，建立数据模型，并结合海信提供的安全库存量、现有库存量，预测出每个节点的发货品类、数量和地区，最后交由海信审批通过再配送。

这不仅使海信缩短了整体供应链中的物流沉淀，减少不必要的存货风险和物流周转，而且使中远从对家电行业传统的物流服务，转型到全新的主动物流服务。

（五）实施新的供应链库存管理策略

库存控制在供应链成本管理中的作用举足轻重，降低库存成本对整个供应链成本控制非常重要，可以采取以下三种措施：

一是实施供应商管理用户库存策略（VMI）。文中提到的"苏宁向供应商开放后台系统"就属于这种情况。

二是联合库存管理策略。联合库存管理是一种风险共担的库存管理模式，它是基于地区分销中心的功能对供应链库存管理模式的拓展和重构。地区分销中心体现了一种简单的联合库存管理思想，通过分销中心，各个销售商只需要少量的库存，大量的库存由地区分销中心储备，也就是各个销售商把其库存的一部分交给地区分销中心负责，从而减轻了各个销售商的库存压力。

据统计，美国通用汽车公司销售的500万辆轿车和卡车，平均价格为18500美元，销售商保持60天的库存，则库存费用是车价值的22%，一年总的库存费用达到3.4亿美元。采用地区分销中心联合库存管理后，该现象大大缓解。

三是第三方物流管理库存。第三方物流管理库存是将库存交由供方和需方以外的第三方物流公司，使企业集中精力于自己的核心业务。例如，美国通用汽车公司选择目前国际上最大的第三方物流公司Ryder负责其土星和凯迪拉克两个事业部的全部物流业务。

｜努力缩短供应链的长度｜

顾客去商场买一件衣服，这件衣服从厂家生产出来，到穿在顾客身上，要经过哪些环节呢？一般是生产商—总经销—经销商—批发商—零售商—消费者，如图1-1所示。

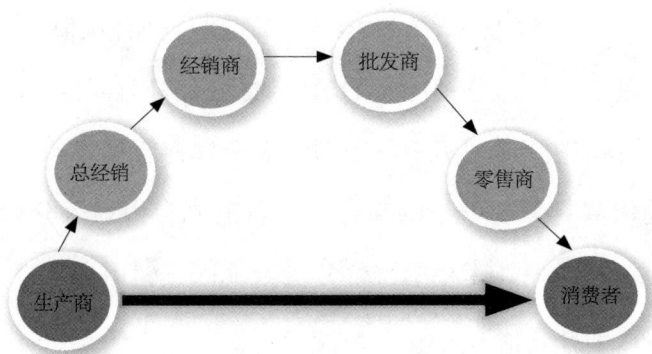

图 1-1　服装从生产到销售的整个流程

从上图可以看出，顾客要购买一件衣服需要经过这么多环节，每多一个环节，就意味着生产商的成本要增加，而增加的成本最终都是由消费者来埋单的。现在的年轻人喜欢逛商场，喜欢去试衣间试衣服，却不愿意埋单，然后偷偷地在京东、淘宝上买，因为这两个电商平台有很多厂家直销的衣服，价格比商场里卖的衣服便宜许多，相比之下，谁愿意花更贵的钱买同样的商品呢？

既然如此，为什么生产商不建立自己的直营店，砍掉中间不必要的环节呢？如果生产商卖给总经销一件衣服的价格是140元，直接卖给消费者的价格是150元，相比从商场花300元买衣服，消费者可以节省150元，生产商还能多赚10元，可生产商却不愿意这么做。

这是因为总经销每次从生产商那里进货的数量非常大，一次1000件，费用就是140000元，如果是消费者买衣服，每次最多买两三件，只有几百元钱，这中间还涉及沟通成本，以及退货、换货的问题，成本太高。

这个例子让我们明白了一个道理，那就是缩短供应链长度，就能大大节省成本，从而提高生产商的效益。零售是整个商品供应链的最后一站，一件商品从设计、生产到消费市场的整个链条是这样的：D（设计）—M（生产商）—S（供应链）—B（大商家）—b（小商家）—C（消费者）。

在这个完整的链条中，可以组合多种商业模式，例如，我们从地摊买东西，称为b2C；去商场购物，称为B2C；商场从经销商那里进货，称为B2B。

早在1982年，管理大师彼得·德鲁克就曾指出："商业中获益于独立性的最大潜在机会，就存在于生产企业与其供应商之间。"天猫小店、开市客、名创优品就是擅长缩短供应链，并取得了很好的战绩。

（一）天猫小店

天猫小店是借助S2b模式，挑战了7-11等传统连锁便利店。什么是S2b呢？ S指的是大的供应链平台，能大幅度提升供应端效率；b指的是一个大平台对应万级、十万级甚至更高万级的小b，让它们完成对客户的服务。

大平台S不承诺给小b提供流量和保证小b生存，只提供后台支持，通常小b在不同的网络平台上都有自己的小圈子，可以利用自己的互联网工具影响一批人。很显然，天猫小店的S2b模式省去了中间的大B，缩短了供应链长度。

（二）开市客

开市客（Costco）是美国最大的连锁会员制仓储量贩店，它借助M2B（生产商直接面对经销商）模式，短路S，做到比沃尔玛更便宜，由此取得了成功。

开市客放弃了通过商品差价来赚钱利润的传统商超模式，而是以会员费为主要利润点，将自己的身份实现了从卖货者到服务者的转变，通过会员制来圈定目标客户。顾客去超市购物，结账时，收银员通常会问顾客是否有会员卡，有会员卡就能享受一定的优惠，但是在开市客，会员卡不仅是用来享受优惠的，没有会员卡是不能结账的，甚至连门都进不去。

这是不是很奇怪？哪个商家还怕顾客多呢？殊不知，开市客每年会员费收入上亿美元，这是开市客的主要利润来源，并且会员制给开市客带来了诸多好处。

首先，它缩小了目标客户范围，开市客将目标客户锁定在中产阶级家庭，"是否愿意支出会员费"成为区分受众购买力最简单的标准。

其次，会员制提升用户的忠诚度。在同等价格和质量水平下，顾客通常会因前期的会员费成本而优先考虑在开市客消费，这样才能让自己的会员资格物有所值，这有助于提升顾客的忠诚度。

那么，开市客是如何做到降低商品价格的呢？在进货价格方面，开市客采用超低SKU策略，会将有"爆款"潜质的商品上架，每个品类虽然选择不多，但都是精挑细选的，且包装很大，量很足。

这样一来，更少的SKU节省了预订、追踪和展示的成本，降低了平均库存成本。另外，单品类的SKU往往代表足够大的订单量和更少的品牌竞争，这让开市客与生产商之间具有更强的议价能力。

在毛利率方面，开市客内部规定，所有商品的毛利率不得超过14%，一旦超过这个数字，就需要CEO批准，再经董事会批准。实际上，董事会从来没有批准过。这是因为开市客的利润主要来自会员费，商品毛利覆盖运营成本即可。

（三）名创优品

名创优品借助M2b（生产商直接面对经销商）模式，砍掉中间的S和B，价格只有同行的三分之一，取得了巨大成功。

名创优品的店铺都是100~200平方米的小店（b），但所有的店铺几乎都开在购物中心和主流步行街，众所周知，大多数购物中心及其周边、主流步行街都是吃喝玩购一条龙服务。人们在享受完美食，看完电影，做了SPA等体验式服务之后，可以顺便到名创优品的店铺里逛一逛，大大减少了人们购物的时间成本。

名创优品的开店模式介于直营和加盟之间，称为"直管"。所谓的直管，就是别人投资自己负责管理。投资人只需向名创优品提供精挑细选的店铺位置和资金，剩下的就由名创优品来管理，投资人坐等分红即可。

由于名创优品积聚了上千家小b的购买力，可以直接与制造商（M）谈判拿货，省去了中间的各级代理，供应链长度大大缩短，产品价格低自然就是情理之中的事情。

| 用高效供应链对抗市场低迷 |

在人工和材料成本逐年上涨和客户压价、同行之间激烈竞争的内外压力下，在零售商们受新冠肺炎疫情影响市场乏力而减少订单总量及必须砍掉部分供应商的严峻形势下，生产商如何逆流而上呢？

如今是一个效率至上的社会，能够在最短的时间内做出最好的工作才是强者的表现，供应链亦如此，打造高效供应链是对抗市场低迷的一剂良药。所谓高效供应链，就是指充分利用外部资源提升自身的竞争力，以达到快速高效率供货。

惠普前供应链执行长福克斯说过这样一段话："人们总是喜欢谈论苹果成功的关键是他们的产品。虽然我同意这一点，但他们的供应能力和将新产品推向市场的效率是前所未有的，这是一个巨大的竞争优势。"

2018年8月4日，苹果市值突破万亿，成为美股首只市值万亿的美国公司。苹果的成功，不仅是因为产品的创新，更在于出色的供应链，苹果曾连续8年在知名咨询公司Gartner的全球供应链25强上占据榜首。

2016年，苹果卖掉了价值1913亿美元的iPhone、iPad和iMac，占总营收的84%，而这一年苹果账上的库存只有2.17亿美元，也就是说，苹果几乎将所有产品都卖光了，苹果的获利完全不受库存跌价的影响。

毫不夸张地说，没有高效的供应链，就没有今日苹果的辉煌。1997年，乔布斯重新掌舵苹果后，就将库克挖了过来，库克是著名的供应链专家，苹果将他挖过来，其目的不言而喻。当然，库克也没有辜负乔布斯，打造了世界一流的供应链，低成本、高质量、快速复制产品，从而让苹果成为世界上最值钱的公司。

《史蒂夫·乔布斯传》中有一段描述库克是如何帮助苹果建立高效供应链的文字：

库克把苹果的主要供应商从100家减少到24家，并要求他们减少其他公司的订单，还说服许多家供应商迁到苹果工厂旁边。此外，他还把公司的19个库房关闭了10个。库房减少了，存货就无处堆放，于是他又减少了库存。到1998年年初，乔布斯把2个月的库存期缩短到1个月。然而到同年9月底，库克已经把库存期缩短到6天；下一年的9月，这个数字达到惊人的2天——有时仅仅是15个小时。另外，库克还把制造苹果计算机的生产周期从4个月压缩到2个月。所有这些改革不仅降低了成本，而且也保证了每一台新计算机都安装了最新的组件。

经过常年不懈的改进，苹果目前拥有无缝流线型供应链，产品从合同制造商那里出发，经过第三方发货公司，直接到消费者手中，前后不过几天时间，整个过程非常短，存货周转率非常高。

此外，苹果会通过监测其零售商店、网站和第三方经销商的销售，基于需求会重新分配手机订单，不断完善iPhone的货量和调配。在这个过程中，苹果几乎能做到零库存。

不仅是苹果公司，很多知名企业都把供应链看作企业的生命线，不遗余力地打造高效供应链体系，保洁公司就是一个典范。

宝洁公司始创于1837年，是世界上最大的日用消费品公司之一，宝洁公司于1988年在广州成立了中国第一家合资企业——广州宝洁有限公司，宝洁大中华区总部位于广州，并在上海、北京、天津、成都、东莞等地设有分公司及工厂。

2010年之前，广州宝洁与直供客户之间一直采用Excel等方式进行产品信息更新、订单操作、库存数据采集等工作，和零售商之间只有零散的EDI连接，随着业务的不断增长，宝洁公司迫切需要建立高效的供应链体系，提高效率。

2010年，保洁公司联手GS1中国、北京华联、文沥信息，打造协同商务框架，该框架主要包括应用产品信息同步(GDS)、电子数据交换(EDI)和供应链可视化(SCV)技术，并将这些技术有机整合构筑并使其应用服务在协同商务的不同层次下，推动客户与宝洁公司建立全面协同的供应链系统。

宝洁公司打造的协同商务框架创造了中国消费品和零售业供应链管理的典型，而取得的巨大的供应链运营收益以及在业界产生的带动作用也体现和证明了宝洁公司一贯的供应链理念——创造共同价值。该解决方案获得了2011年中国ECR供应链银奖。

近年来，随着科技的进步，越来越多的企业通过科学技术来打造高效供应链体系，如广州雅耀电器有限公司，早在10年之前就建立了中央仓、散单仓2个大型立体仓库，并和软件厂商合作开发了货位管理系统。但货位管理系统只解决了物料的进出及数量问题，仓库管理在先进先出、人员效率及绩效等方面依然存在问题。

于是，雅耀电器为了进一步提效降本，对仓储管理进行了系统性的数字化改造升级，通过壹拓云仓WMS仓储管理系统来解决仓库管理的痛点，进行数字化改造。

　　打造高效的供应链究竟有多重要？英国供应链管理专家马丁·克里斯托弗诠释道："21世纪的竞争不再是企业和企业之间的竞争，而是供应链和供应链之间的竞争。"

第二章

供应链管理的
发展与演变

供应链管理思想的来源

企业与供应商之间仅仅是单纯的交易关系吗？答案是否定的，应该是亲密的合作关系，这种合作关系体现在三个方面：

一是供应商在产品开发上的早期参与；

二是企业与供应商在计划、生产、质量、成本等方面互通信息，以及在成本和质量改进上相互帮助；

三是企业与供应商在资金上的互相支持，双方在人员上的互相交流等。

因此，进行供应链管理，无论是对企业还是对供应商，都大有裨益。1982年，开思·奥立夫和麦考尔·威波尔在《观察》杂志上发表了"供应链管理：物流的更新战略"，首次提出了"供应链管理"这一概念。

在过去百年的工业发展进程中，供应链管理已从最初的重点为改善相对简单但劳动密集型的流程，发展到如今的工程和管理异常复杂的全球网络。供应链管理的发展经历了如下阶段。

（一）早期：仓储、物料搬运和货运的出现

20世纪40—50年代，物流研究的重点是如何使用机械化来改善费力的物料搬运过程，以及如何利用货架和更好的仓库设计，提供空间利用率。"单位装载"的概念越来越流行，货盘的使用也越来越广泛。

在20世纪50年代中期，随着联运集装箱以及轮船、火车和卡车的发展，此概念扩展到了通过运输管理来处理这些集装箱，"仓库"和"材料处理"的概念便应运而生。

20世纪60年代，"物流"已呈现明显的趋势。供应商更依赖于卡车货运而非铁路，这导致需要衡量考虑在"物流"标签下出现的仓储、物料搬运和货运。

（二）物流时代来临：计算机驱动物流技术创新

在20世纪60年代之前，几乎所有的交易和记录保持都只能通过手动完成，20世纪70年代计算机领域发生了重大变化，仓库数据从随机存储到计算机存储，为物流计划创新和路线优化提供了机会。

在20世纪70年代末80年代初，美国不少研究型大学，比如美国佐治亚理工学院创建了生产和分销研究中心，物料搬运研究中心以及计算优化中心，为物流的专业研究奠定了基础。

20世纪80年代可以说是供应链管理历史上物流业发生巨变的开始，催生了大量新技术，包括电子表格和基于地图的界面，使物流计划和执行技术得到了极大的改进。

1985年，美国服装业采用著名流通领域咨询公司KSA公司提出了QR系统后，服装生产周期从66周下降为21周，销售额增加了30%～60%，库存周转率提高了30%～90%。

（三）全球化与供应链：物流战略需求加强

自20世纪90年代中期以来，尤其是中国制造业的快速发展，制造业全球化是对"供应链"一词的广泛认可。不少著名的管理工具都是在这一时期诞生的。

1.ECR

ECR是1993年KSA公司受美国食品业委托，在对美国食品零售业所作的现状调查的基础上提出的增强竞争力的新系统。ECR提出了四个应该变革的领域：商品搭配、商品补充、新商品开发、促销活动。同时提出了实现ECR所需的四种技术：营销技术、物流技术、信息技术、组织化技术。

2.BPR

企业资源计划（ERP）系统的出现进一步推动了物流业的繁荣，对企业重新思考、构建、改进自己的供应链起了极大的促进作用。 BPR的重要支持手段是信息技术，通过应用信息技术实现整个供应链上的信息共享，去除冗余步骤。

3.TOC理论

以色列物理学家E.M.Goldratt开发了一套OPT生产管理软件，为普及该软件，他将其原理写成畅销小说，书名为"The Goal"，销量达到了250多万本。Goldratt继续解决OPT存在的问题，提出了约束理论（Theory of Constraints，简称ToC）。

该理论的中心思想是：一个系统的产出速度和产出量取决于系统各个环节中的"瓶颈"环节，企业管理要改善这些"瓶颈"环节。

4.跨国公司推动SCM的发展

随着世界经济一体化进程的加速，跨国公司的供应链变得更长、更复杂，SCM理念首先在跨国公司中得以实现，DEC建立了全球供应链模型；HP开发了用于SCM的决策支持系统，在改善各地区间的运作方式上取得了成功；美国三大汽车公司从20世纪80年代中期，就开始了新型供应链管理方式的探索，在建立伙伴关系、应用信息技术等方面都积累了丰富的经验。

（四）供应链的未来：数字化变革

计算机技术的迅速发展，为供应链和物流领域提供了新技术的支持，这些技术的进步为解决传统供应链和物流领域提供了巨大价值，如仓储和分销、运输和制造物流。

2000年，世界上大部分公司安装了ERP系统，尽管在安装和运行ERP系统方面都会遇到一些问题，但这极大地提高了数据的可用性和准确性。随着技术不断革新迭代，新的ERP软件可大大提高效率，让人们对计划和整合物流组件之间的需求有了更好的认识。

与此同时，供应链管理的外包已逐渐成熟，快消品、食品及酒类等行业也逐步提升供应链管理外包的比例，为供应链管理行业提供了更大的发展空间。

随着新一轮消费升级的到来，供应链的重塑与升级成为新零售时代最好的发力点。加强企业之间的协作和仓储物流等供应链基础设施建设、完善物流配送体系、进行数字化变革等都将成为供应链升级的必经之路。

┃第一阶段：供应链是物流管理过程┃

早期的观点认为，供应链是指将采购的原材料和收到的零部件，通过生产转换和销售等活动传递到用户的一个过程。因此，供应链仅被视为企业内部的一个物流过程，它所涉及的主要是物料采购、库存、生产和分销诸部门的职能协调问题，最终目的是优化企业内部的业务流程、降低物流成本，从而提高经营效率。

供应链管理这一概念从提出到实践都与物流管理密不可分，供应链管理是物流管理的更高级形态。从物流管理发展的历史来看，主要经历了五个阶段：物流功能个别管理阶段、物流功能系统化管理阶段、物流管理领域扩大化阶段、企业内物流一体化管理阶段、供应链物流管理阶段。

由此可见，供应链管理是物流管理发展过程中顺应企业管理应运而生的管理模式，是物流管理进入更高级的阶段，它是传统物流管理的延伸。供应链包括两个部分：上游的供应商和下游的分拨渠道，涉及信息系统、采购、订单处理、生产调度、库存管理、仓储管理、客户服务、包装及废料的回收处理等一系列管理活动。

供应链的物流过程是物流、信息流和资金流的流动过程。物流是物品从供应地向接收地的实体流动过程中，根据实际需要，将运输、储存、装卸搬运、包装、流通加工、配送、信息处理等功能有机结合起来实现用户要求的过程。高效的供应链管理在物流领域的主要作用是缩短货物的在途时间、实现零库存、及时供货和保持供应链物流的连续和稳定。

信息流是指整个供应链上信息的流动，包括供应链上的供需信息流和管理信息流，伴随着物流的运作而不断产生并对物流运作进行引导。有效的供应链管理在信息流动领域的主要作用是及时在供应链中传递需求和供给信息，提供准确的管理信息，使供应链中的成员都能得到实时信息以形成统一的计划并执行，为顾客提供更好的服务。

资金流是指在整个供应链上资金的流动。供应链上的每一个企业的每一项业务活动都会消耗一定的资源，必然会导致资金流出，只有将产品卖给顾客，才能实现资金的回流。有效的供应链管理在资金流领域的主要作用是使供应链成员尽量减少成本，尽可能让顾客对产品满意，从而实现资金的早日回流。

物流、信息流、资金流三者彼此联系，相互支持，共同确保供应链的正常运转，信息流使物流的每一项工作按照要求得以实现，尤其是远距离的物流，更离不开信息技术的支持。物流又必然会伴随资金的流动。简单地说，就是信息流给物流做向导，物流保证了资金流，反馈回来的信息流又指导物流，如此反复循环，确保供应链上的物流正常运转。

供应链上的节点企业就是在核心企业的领导和需求信息的驱动下通过供应链的职能分工合作的，以物流、信息流和资金流为媒介，实现供应链的有效运作。现在很多大型企业都非常注重物流的管理，例如，海尔就建立了"一流三网"现代物流体系。

海尔集团经过近四十年的发展，已经成为全球家电企业十强之一，其产品通过全球38万余个营销网点销往世界上160多个国家和地区。海尔的供应商近千家，海尔平均每个月接到6000余个销售订单，定制7000多种产品，需要采购的物料品种达15万余种。

如此庞大的工作，给海尔带来不小的困难，假如在一个仓库里完成订单，需要数十万平方米的普通平面仓库，上百个保管员、叉车司机等多工种工作人员，从收到订单到把采购订单下到供应商手中，最快也要一周时间，因此，如何提高物流效率是海尔必须解决的问题。

为了与国际接轨，海尔请来了德国SAP公司帮助其打造现代物流管理软件系统。2000年年初，SAP公司开始为海尔设计实施基于协同电子解决方案的BBP（原材料网上采购系统）项目。经过双方7个月的艰苦工作，海尔项目初具规模，并于2000年10月使R/3系统下的MM、PP（生产计划模块）、FI（财务会计模块）和BBP正式上线运营。

至此，海尔的后台ERP系统覆盖了整个集团原材料的集中采购、原材料库存及立体仓库的管理物流本部零部件采购公司的财务等业务，构建了海尔集团的内部供应链。通过BBP系统的上线，海尔建立了与供应商之间基于互联网的业务和信息协同平台。

该平台不仅可以通过互联网进行招标投标，还可以通过互联网将所有与供应商相关的物流管理业务信息，如采购计划、采购订单、供应商供货清单、库存信息、配额及采购价格和计划交货时间发布给供应商，使供应商足不出户就能全面了解与自己相关的物流管理信息。

对于非业务信息的协同，SAP使用构架于BBP采购平台上的信息中心为海尔与供应商之间进行沟通交互和反馈提供集成环境。信息中心利用浏览器和互联网作为中介，整合了海尔过去通过纸张、电话、传真和电子邮件等才能完成的信息交互方式，实现了非业务数据的集中存储和网上发布。

通过SAP成功实施的ERP和BBP项目，海尔物流"一流三网"的同步模式正式形成，"一流"是以订单信息流为中心；"三网"分别指全球供应链资源网络、全球用户资源网络和计算机信息网络。

"三网"同步运动，帮助海尔实现了三个零的目标和在市场竞争中取胜的核心竞争力，这里提到的"三个零"是指零库存、零距离、零营运资本。

| 第二阶段：供应链是价值增值链 |

进入20世纪90年代，人们对供应链的理解发生了新变化：首先，由于需求环境的变化，原来被排斥在供应链之外的最终用户、消费者的地位得到了重视，被纳入供应链的范围。由此，供应链不再只是一条生产链，而是一个涵盖了整个产品运动过程的增值链。

对于企业而言，要想做大做强，没有一个好的供应链是行不通的，优化企业的生产、供应和销售的过程非常重要。过去在传统的企业生产计划里，通常是以钱货两清的方式来进行。但现如今，作为现代经营企业，在企业不断做大的过程中所面临的信息量和问题逐渐增多，企业之间的关系也变得愈加复杂，必须有系统的方法和策略来管理，才能确保企业的正常运作。

以麦当劳为例，它是全球最大的连锁快餐企业，在全球拥有近四万家餐厅，它是如何确保这么多家餐厅正常运转的呢？庞大的供应体系，井然有序的运作，打造了一个共赢的供应链条，这是它成功的秘诀之一。

在商流上，因麦当劳核心产品基本为预加工产品，流转体系高度简化，产地和销地分销两大环节被压缩。面包、肉类、蔬菜的采购直接来自一级供应商和少量二级加工商。

在物流上，为满足麦当劳需求而创立的夏晖公司物流网络在全国

23个城市共建设了38个物流中心，累计覆盖500+城市，并且具备第四方供应链及物流解决方案、第三方专业物流方案落地执行能力。

麦当劳在物流管理上从进货、储存、理货、出货、配送等环节上皆建立起了高度标准化的流程，便于产品追踪追溯。

此外，麦当劳所有的采购工作都是由与其合作的"配销系统"负责，麦当劳本身不涉及"采购工作"，而是负责管理所有供应商以及配销中心。

流程化的管理，畅通的供应链，是支撑起庞大的麦当劳帝国的关键。供应链价值创造的核心原理就是通过企业职能部门和企业间的协同合作来减少企业内部和供应链上所发生的成本，在增加企业财务价值的同时，提高客户服务水平，实现客户价值。

事实上，成功的企业发展战略必须获得供应链管理策略的支持。高仪公司是全球领先的卫生设备配件制造商和供应商，约占全球市场份额的10%，拥有5家工厂、20家销售分公司，5000余名员工，业务范围遍及全球130个国家和地区。

2005年，高仪因市场发展成熟、全球竞争更加激烈和产品多样性加强而遭遇了发展"瓶颈"，导致这一结果的原因是公司供应链未能得到很好的整合。为摆脱这一困境，高仪在整个公司范围内发起了一项名为"创建世界级的高仪"的改革计划。

该项计划包括将供应链策略与业务策略结合、供应链整合及协调、减少零部件的飞速增加、自制或外购策略、物流网络优化、制造基地的全球化以及日益扩大的全球采购。

改革让高仪焕然一新，创造了巨大的价值，包括改善的现金状况、速度、效率、品质保证及过程优化。通过这项全面的计划，公司有望实现其战略目标。

另外，优秀的企业发展战略离不开高质量的服务，否则，客户价值的实现就成了一句空话。Nuance集团是全球顶级的机场零售商之一，其业务范围遍及五大洲，在Nuance的商业航线中，可能只有一次销售机会，因此保持适当的库存至关重要。

但实际上，Nuance公司位于澳大利亚的免税商店的现状是：一些货品严重不足，另一些货品的库存却很多。为了提高服务质量，实现效益的增长，Nuance公司将手工库存跟踪和订购系统更换为更加智能的预测和库存优化系统。这样一来，就可以通过分析实际销售数据及销售趋势、客户购买偏好、促销计划和预计的航线客运量，来计算和提交补货订单，大大降低了库存，增加了销售量。

大多数供应链都能为客户提供超值的服务，例如，在美国购买奔驰轿车后，不管客户在什么时候，如果客户的车在行驶过程中出现问题，奔驰公司会为客户提供充电、加油、更换轮胎等免费服务。

关键是我们要知道"客户需求"是什么。普通供应链主要与客户互动，进而提供及时、准确的交付品。而高效充满智慧的供应链则能在整个产品生命周期都与客户紧密联系，可以从源头获取需求信息，从而为客户提供惊喜超值的服务。

简单地说，如何将客户所需要的产品与服务在正确的时间，按照正确的数量、质量送到正确的地点，并使这一过程所耗费的总成本最小，就是供应链创造的巨大价值，一言以蔽之，就是：多快好省！更多的品类、服务和数量，更快的交付效率，更好的质量，更省的总成本。

| 第三阶段：供应链是"网链" |

如今，产品生命周期正在不断缩短，企业之间合作日益变得复杂，顾客的要求也越来越严格，原料的供应商、产品制造商和分销商被组织起来，形成了供应—生产—销售的链条，即供应链。

实际上，供应链中的供应商和分销商往往不只一两个，有多个供应商、制造商和分销商在战略、任务资源和能力方面相互依赖，构成了较复杂的供应—生产—销售，即供应链网。供应链网是由若干条供应链交错形成的，供应链网可以覆盖世界范围内的所有国家和地区。另外，供应链网在水平结构压缩后就成为供应链，如图2-1所示。

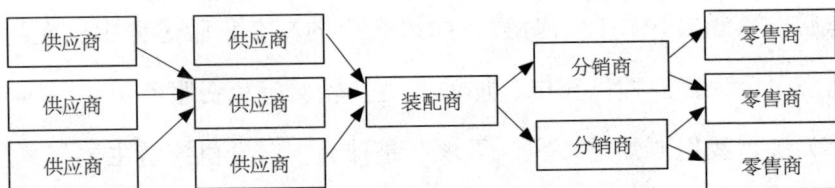

图 2-1 供应链网组成结构

随着信息技术的发展和产业不确定性的增加，现代企业与企业之间的关系正在呈现网络化趋势，人们对供应链的认知也相应发生了变化，从线性的单链转向非线性的网链。供应链的概念更加注重围绕核心企业的网链关系，即核心企业与供应商、供应商的供应商的一切向前关系，与用户、用户的用户及一切向后的关系。

　　供应链的概念已不同于传统的销售链，它跨越了企业界限，从扩展企业的新思维出发，并从全局和整体的角度考虑产品经营的竞争力，使供应链从一种运作工具上升为一种管理方法体系，一种运营管理思维和模式。

（一）供应链网的结构特征

　　供应链是可以将产品从生产到销售链接起来的一个整体网络结构，其特征主要表现在以下五个方面：

　　1.层次性特征

　　虽然每个业务实体都是供应网链中的成员，但它们不一定同属于一个组织，如图2-2所示。

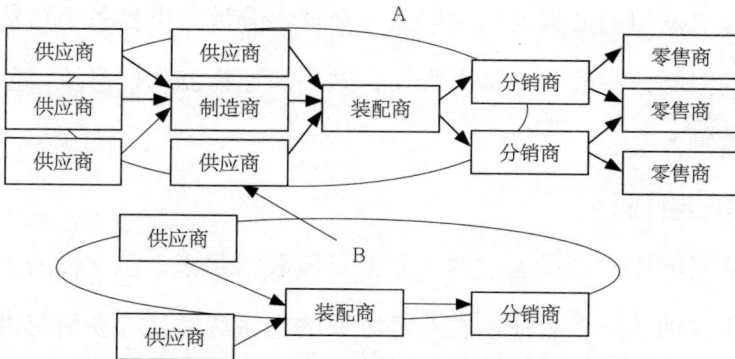

图 2-2　供应链网的层次性特征

　　A环包括了一个组织内的所有业务实体，同时也包括了作为供应链网子链的下层供应—生产—销售系统。对于A来说，供应商B是一个由供应—生产—销售实体构成的外部组织。供应链网的每个业务流程都是跨组织边界的，这反映了多层业务实体相互依存与合作的特征。

2.多级性特征

由于供应、生产和销售关系变得日益复杂，供应链网的成员会越来越多，若把供应链网中相邻的两个业务实体的关系看成是供给关系，这种关系往往是多级的，而且涉及的供给双方也是多个，多级结构有利于供应链的优化与组合，但同时增加了供应链管理的难度。

3.双向性特征

从横向看，使用某一共同资源的实体之间既相互竞争又相互合作。从纵向看，供应链网的结构就是供应链结构，反映从原材料供应商到制造商、分销商及顾客的物流、信息流和资金流的过程。

4.跨地区特征

供应链网中的业务实体可以遍布全球，分散在世界各个角落，超越了空间的限制，在业务上紧密合作，共同加速物流和信息流，创造了更多的供应链效益。

5.动态特征

供应链网中的成员通过物流和信息流联结起来，但它们的关系并不是一成不变的，一旦有成员在业务方面的稍微调整，都会引起供应链网结构的变动。

（二）供应链网结构模型

根据制造特性、业务目标、生产的差异、产品模式、装配阶段、产品生命周期、库存需求等指标，供应链网可以分为三种类型：集中型供应链网、分散型供应链网、适应型供应链网。

1.集中型供应链网

典型行业：航空工业、机械制造工业、汽车工业

在该类型中，公司完成将零件和组件装配成最终产品的制造过程，在各个业务实体所建立的零件库存引发了库存成本。为了使业务双方减少库存，降低成本，供应商与制造商必须紧密合作，采用JIT技术。日本的丰田汽车就是典型代表，丰田汽车帮助供应商推行精益管理，其结果是双赢的，既降低了供应商的零部件成本和前置期，又降低了丰田公司的采购成本。

由于产品的制造过程使用了资本密集型的设备和许多不同种类的零件，因此，最终产品实际上是在装配阶段制造出来的。过早的产品区分使供应商很难在采用库存生产策略的条件下满足顾客的特殊要求，所以，集中型供应链网制定了小批量生产目标，但这要求供应商和制造商紧密合作，共同控制最终产品的库存水平。一般来说，产品的生命周期较长，可长达数年。

2.分散型供应链网

典型行业：电子工业、计算机行业

在分散型供应链网中，公司拥有最终产品的装配线和分销机构。装配分两步进行，首先在工厂完成通用产品的装配过程，然后在分销地完成订货产品的简单装配过程。这种延迟的产品区分策略适合产品大量订货的情况。

在分散型供应链网中，库存对象主要是第一步装配生产出来的组件，因为半成品要运送到不同地点进行装配，所以，半成品库存遍及分散型供应链网的每一处。

为满足订货者的要求，公司往往采用订货生产方式。但这会延迟交货的时间，降低顾客的满意度，所以，分散型供应链网要解决的问题是设计出一种缩短时间的方法。

3.适应型供应链网

典型行业：服装业、制鞋业

在适应型供应链网中，公司拥有最终产品的装配线和分销机构。但是市场环境瞬息万变，适应型供应链网必须对市场变化做出反应，这要求在产品生命周期的投入期就搜集市场信息并做出分析，保证连续的生产过程能动态地适应不断变化的市场，因此，公司通常采用预测生产策略。

由于主要的制造过程使用了分散区分方法，因此，在制造阶段就对产品做出了品种的区分，品种的多样性和市场的多变性使产品生命周期缩短，时间由几周到几个月不等。管理适应型供应链网的难点在于如何抓住市场机遇，满足迅速变化的市场需求。

| 供应链的本质与基本特点 |

供应链是指围绕核心企业，从配套零件开始，制成中间产品以及最终产品，最后由销售网络把产品送到消费者手中的，将供应商、制造商、分销商直到最终用户连成一个整体的功能网链结构，它是生产和交付产品或服务的完整系统，从原材料采购到最终向用户交付产品或服务。

供应链的概念是从扩大生产概念发展而来的，它将企业的生产活动进行了前伸与后延。第二次世界大战以后，丰田汽车公司的丰田和大野考察了福特汽车公司轿车厂。当时，福特汽车公司日产7000辆轿车，比丰田公司一年的产量还要多。但丰田和大野在考察之后，并没有照搬福特的生产模式，它们认为"那里的生产体制还有些改进的可能"。

回到日本后，丰田和大野进行了一系列的探索和实验，建立了一整套新的生产管理体制，采用精益生产方式组织生产和管理，使丰田汽车的质量、产量和效益都跃上一个新台阶，成为汽车之王。

丰田公司在企业内部基本实现了JIT之后，企业内部的工序已经通过集结式流水线能合并的就合并，不能合并的工序也通过后拉式看板系统进行了连接，于是，丰田公司将目光转向了供应商。丰田公司认为采购的零部件库存大小和供应商的前置期密切相关，如能帮助供应商推行精益管理，就能降低供应商的零部件成本和前置期，这样丰田公司的采购成本也会降低，从而使丰田公司汽车的生产成本通过供应链的改善而降低。

除了帮助供应商建立起精益管理体系，丰田公司还帮助供应商推行TQC来提升和稳定零部件的品质。由此可见，日本丰田公司的精益协作方式中将供应商的活动视为生产活动的有机组成部分而加以控制和协调。

哈理森将供应链定义为："供应链是执行采购原材料，将它们转换为中间产品和成品，并且将成品销售到用户的功能网链。"美国的史蒂文斯则认为："通过增值过程和分销渠道控制从供应商到用户的流就是供应链，它开始于供应的源点，结束于消费的终点。"

因此，供应链就是通过计划、获得、存储、分销、服务等一些活动而在顾客和供应商之间形成的一种衔接，从而使企业能满足内外部顾客的需求。供应链的本质是流通，包括从供应商到消费者的全链路流程。

供应链管理的实质是深入供应链的各个增值环节，将顾客所需的正确产品（Right Product）能够在正确的时间（Right Time），按照正确的数量（Right Quantity）、正确的质量（Right Quality）和正确的状态（Right Status）送到正确的地点（Right Place），即"6R"，并使总成本最小。

（一）供应链的基本要素

一般来说，构成供应链的基本要素包括供应商、厂家、分销企业、零售企业、物流企业。

（1）供应商是指给生产厂家提供原材料或零部件的企业。

（2）厂家是产品生产的最重要环节，负责产品生产、开发和售后服务等。

（3）分销企业，是指为实现将产品送到经营地理范围每一角落而设的产品流通代理企业。

（4）零售企业，是指将产品销售给消费者的企业。

（5）物流企业，即上述企业之外专门提供物流服务的企业，其中批发、零售、物流业也可以统称为流通业。

（二）供应链的主要活动

供应链的主要活动包括三个方面：

1.商品的开发和制造

商品的规划、设计、商品化；需求预测和生产计划；商品生产和质量管理。

2.商品的配送

确保销售途径，即销售渠道的稳定性和有效性；按时配送，以JIT思想进行配送管理和作用；降低物流成本。

3.商品的销售和售后服务

以适当的营销组合策略实现最佳销售，品种齐全、及时的商品补充；进行销售数据和销售额的管理，了解问题，确定活动方针。

（三）供应链的四个流通流程

供应链包括物资流通、商业流通、信息流通、资金流通四个流程。四个流程有各自不同的功能以及不同的流通方向。

1.物资流通

物资流通主要是物资（商品）的流通过程，是一个发送货物的程序。该流程的方向是由供货商经由厂家、批发与物流、零售商等指向消费者。

2.商业流通

商业流通主要是买卖的流通过程，这是接受订货、签订合同等的商业流程。该流程的方向是在供货商与消费者之间双向流动。其形式趋于多元化，既有传统的店铺销售、上门销售、邮购的方式，又有通过互联网等新兴媒体进行购物的电子商务形式。

3.信息流通

信息流通是商品及交易信息的流程，其方向也是在供货商与消费者之间双向流动。

4.资金流通

资金流通是指货币的流通，为了保障企业的正常运作，必须确保资金的及时回收，否则，企业就无法建立完善的经营体系。该流程的方向是由消费者经由零售商、批发与物流、厂家等指向供货商。

（四）供应链的特征

供应链具有如下特征：

1.复杂性

供应链涵盖了多种类、多类型、多地域的企业，与单个企业相比，在结构、规模、管理模式等诸多方面，供应链更复杂。

2.动态性

由于市场环境的复杂多变，供应链上的企业需要实时的动态更新，以适应多变的环境，实现供应链的整体最优。

3.交叉性

供应链的节点企业可以为多个供应链上的节点企业提供产品服务，形成众多供应链相互交叉的特征。

4.响应性

供应链的形成、存在、重构，都是基于一定的市场需求而发生的，并且在供应链的运作过程中，用户的需求拉动是供应链中信息流、产品、服务流、资金流运作的驱动源。

第三章

供应链的
六大衡量指标

| 设施：供应链网络中的节点 |

《论语》有云：工欲善其事，必先利其器。企业要建立起强大的供应链，也必须加强设施建设。设施是指供应链网络中物资储存、装配和制造的地方，包括生产场所和储备场所。设施及其相应的能力，是供应链运营的关键要素，影响供应链的反应能力和盈利能力。

1943年创建于瑞典的宜家家居，已经具有78年历史，在全球有445家分店（2020年数据），数据显示，自2013年以来，宜家家居全球门店访问量呈现逐年增长的趋势，2014年访问量达到7.16亿人次。2017年访问量为8.17亿人次，2018年为9.57亿人次，2019年宜家家居全球门店访问量达到10亿人次。

宜家为什么会取得如此辉煌的成绩？仅仅是因为它们的产品设计精良，功能齐全，价格低廉吗？不完全是，它强大的供应链也是不可忽视的因素，宜家通过建立几百家大型商店（每个城市仅有一两家）来提高效率，进而盈利。

和宜家一样，7-11便利店也非常重视设施在供应链中的作用，通过建立高度密集的商店网络来提高响应性，进而盈利。宜家和7-11便利店共同的成功之处在于设施决策和供应链战略的完美结合。

本田在设施建设上也投入了大量资金，他们在主要市场建立生产设施，通过设施决策更快速地响应客户。例如，本田可以在同一个工厂组装越野车和小型汽车，大幅降低了成本，提高了竞争力。

企业虽然可以通过增加设施数量、提高设施的柔性或者产能来提高响应性，但同时会增加产生成本，增加设施数量会提高设施和库存成本，但减少了响应时间，降低了运输成本；提高设施的柔性或者产能也会增加设施成本，但会减少相应时间和运输成本。如何取舍，找到一个平衡点，是企业必须慎重考虑的问题，只有这样才能避免因为产生成本的增加，影响企业的发展，一定要让产生成本远远小于由此创造的价值。

（一）设施决策的组成要素

设施决策是供应链设计的一个重要环节，企业在确定设施决策时，必须综合考虑，认真分析以下因素。

1.生产设施

在增加生产设施之前，企业要考虑它是柔性的还是专用的，或者两者相结合的柔性产能，可用于多品种生产，但往往低效，专用产能虽然只可用于少数产品，但更高效。

2.生产方式

企业要考虑设施布局是以产品为中心，还是以功能为中心，前者是为了生产某一类产品而具备所有的功能，如加工和装配；后者是为了生产许多类型的产品而具备一组给定的功能，如仅有加工功能或装配功能。

以产品为中心的公司，对特定类型的产品的生产技术很熟悉，但缺乏从功能性方法中才能得到的功能性专门技术。

对于仓库和分销中心，公司必须决定是采用越库设施还是储存设施。对于越库设施，来自供应商的内向运输卡车卸货后产品被分成小批，并迅速装上开往商店的卡车，开往商店的每辆卡车都装载多种产品，其中部分产品来自每辆内向运输卡车，而对于存储设施，公司必须确定每一设施主要存储的产品。

3.区位布局

企业选择在哪里建造设施，也是供应链设计需要考虑的问题之一，需要考虑是为了获得规模经济而集中布局，还是为了更靠近消费者，提高响应性而分散布局。

此外，企业还要考虑与设施所在地的各种特征相关的一些问题，如宏观经济因素、劳动力成本、劳动力素质、设施成本、基础设施情况等是否接近消费者？该企业其他设置的布局，以及税收效应等因素。

4.设施能力

企业必须确定设施的产能，以完成预期的功能。拥有大量过剩产能，使设施非常灵活，并能应对需求的起伏，但产能过剩会增加成本，从而降低效率。

没有过剩产能的设施比有大量过剩产能的设施，在单位产品的生产上更有效率，但是高利用率的设施却难以应对需求的大涨大落，因此，企业必须做出取舍，以决定每个设施的适当产能。

（二）设施的衡量指标

设施决策影响企业的财务绩效和供应链对顾客的响应性，影响产品销售成本和财产、厂房、设备等固定资产以及销售费用、一般费用和管理费用（如果设施是租赁的），因此，管理者应该审计以下影响供应链绩效的设施指标：

产能是设施最大的生产数量。

利用率是设施正在使用的产能的比例。

加工、调整、停工、空闲时间是设施生产加工的时间、设施调整准备的时间、设施因损坏而无法运行的时间，以及设施因无产品生产而闲置的时间。

单位产品的生产成本是生产一个单位产品的平均成本。

质量损失是缺陷造成的生产损失部分。

理论生产流程时间/周期是在生产的任何阶段，完全不存在延迟时的生产一单位产品所需的时间。

实际平均流程时间/周期是在特定时期如一星期或一个月中生产所有产品的实际平均时间。

流程时间效率是理论生产流程时间与实际平均流程时间的比率。

产品品种是每一生产设施生产的产品品种数或该设施能够生产的产品族的数量。

前20%库存单位（SKU）和20%顾客的产品贡献是测量一个设施处理来自前20%的SKU或顾客的产量占总量的比例。

平均生产批量是每批产品的平均产量。

生产服务水平是准时足额完成生产订单的比例。

| 库存：供应链中重要的成本资源 |

库存是指供应链中所有的原材料、流程中的半成品和制成品。下面从库存在供应链中的作用、库存决策的组成要素、库存的衡量指标三方面来介绍库存相关知识。

（一）库存在供应链中的作用

库存在供应链中的作用，主要表现在以下方面：

1.降低成本，提高产品可获性水平

供应链中存在库存，是由于供给和需求之间不匹配造成的，对于铁矿石企业来说，这种不匹配是有积极作用的，因为大量生产可降低单位成本，可以为今后的销售做储备。但是对于商品零售商来说，这种不匹配也是有积极作用的，储备库存可以为今后旺季的销售量暴涨做准备。在这种情况下，持有库存可降低成本，提高产品可获性水平。

2.是供应链的主要成本来源

在服装供应链中，高水平的库存虽然提高了响应性，但也会使供应链在面对降价和降低边际利润的需求时变得脆弱。高水平的库存会降低产量和运输成本，但增加了库存持有成本。低水平的库存会提高库存周转率，但也会引起失售。因此，企业应该用降低响应性和不会增加成本的方法来减少库存。

3.影响物流周转时间

影响物流周转时间是指物料进入供应链到从供应链中出来所经历的

时间，对于供应链，产销率是销售发生的速率，如果 I 代表库存，T 代表流程时间，D 代表产销率，三者之间的关系可以用利特尔定律表示，即 $I=D\cdot T$。例如，每小时销售10辆汽车，每辆汽车装配流程10小时，库存应为100辆。

（二）库存决策的组成要素

为创造响应更快、更有效的供应链，企业必须做出库存决策，库存决策的组成要素主要包括以下几个：

1.周转库存

周转库存是指用于满足在供应商两次供货之间的需求的平均库存量。周转库存的规模取决于大批量生产或采购原料的规模，需要权衡采购成本和存货成本。

例如，一家服装店平均每月销售150条裤子，服装店的周转库存决策就是要决定每次补货订购多少，以及隔多长时间发出订货。这家服装店可以每月订购1次，每次订购150条裤子，也可以每5天订购1次，每次订购25条裤子。服装店需要权衡的是选择大量库存的成本还是选择频繁订货的成本。

2.安全库存

安全库存是为防止需求超出预期而持有的存货，是为了应付不确定性需求。因需求不确定，可能出现超过预期的情况，企业需要持有安全库存来满足超出预期的要求，因此，企业要确定多少安全库存是一个重要的决策。

例如，马上要到"五一"了，服装店需要为采购旺季计算安全库存，如果安全库存太多，服装卖不出去，过了假期就要打折销售。如果安全库存太少，又怕到时候货不够，失去了销售良机，因此，企业必须在库存积压所带来的成本与库存短缺所损失的销量之间做出权衡。

3.季节性库存

季节性库存是为了应对可预测的季节性需求波动而建立的，即在淡季建立库存，为无法生产全部需求的旺季做准备。对于季节性库存，企业在做决策的时候，需要考虑两个问题：

一是是否需要建立季节性库存，

二是需要建立多少季节性库存。

当然，如果企业能以较低的成本快速改变其生产系统的产量，就不需要建立季节性库存，但如果产量调整需要付出高昂的代价，则需要建立季节性库存，至于库存的大小，需要在保有额外的季节性库存的成本与产量调整所带来的成本之间做出权衡。

4.产品可获性水平

产品可获性水平是指库存的产品中能够准时满足需求那部分的比例，高水平的产品可获性提供了高水平的响应性，但因要持有很少使用的大量库存，导致成本的增加；低水平的产品可获性则降低了库存持有成本，却导致不能按时服务顾客的比例增加，企业需要考虑的是：衡量高产品可获性水平而导致的库存成本与不能及时服务顾客所带来的损失。

（三）库存的衡量指标

库存决策影响供应链持有的产品销售成本、现金周转期、资产及对顾客的响应性，企业应审核以下影响供应链绩效的库存指标：

1.现金周转期

是指包括库存应收账款和应付账款的高层次的衡量指标。

2.平均库存

是指持有库存的平均数量，平均库存应按单位需求天数和货币价值来衡量。

3.平均安全库存

是指补充的订货到达时所持有的平均库存。平均安全库存按SKU衡量，即货物单位和需求天数。可以按照一段时间（即每次订货周期）内最低库存的平均值来衡量。

4.季节性库存

是指流入产品量超过销售量的数量。在周转库存和安全库存之外，建立季节性库存是为解决预期需求居高不下的问题。

5.库存周转率

是指一年内库存周转的次数，它是销售成本或销售收入与平均库存之比。

6.平均补货批量

是指平均每次补充订货的数量，批量大小，按SKU衡量，即货物单位和需求天数，可以按照一定时间内（即每次订货周期）所持有的最高库存和最低库存的平均值来估算。

7.超过指定天数库存的产品

是指公司库存量大的产品，这个指标可以用来识别供大于求的产品，进而查明库存过大的原因，如价格折扣或运送速度慢。

8.满足率

是指运用库存使订单需求得到准时满足的比例，满足率不应按时间来求平均值，而应按需求单位数量来求平均值。

9.脱销时间比例

是指某一特定库存单位是零库存的时间比例，这个比例可以用来估计缺货时期的失售。

10.陈旧库存

是指库存时间超过规定的陈旧期的库存。

| 运输：促进库存在供应链中移动 |

运输可以使原材料、在制品和产成品在供应链上实现点到点的移动，它对响应性和效率影响非常大，快速运输虽然昂贵，但使供应链更具响应性，可以让供应链维持较少的库存，拥有更少的设施。

运输可以采取点线的多种组合，每种方式的绩效特点不同，销售高价值产品的企业一般会运用快速的运输工具来获得响应性，同时使设施和库存集中化以降低成本；销售低价值并且需求大的产品的企业可能会把适量库存放在距离客户近的地方，然后运用低成本的运输方式，如铁路运输、海运，从低成本的工厂运货补充库存。

　　总之，采用恰当的运输方式，使企业能够调整设施选址和库存，以求得响应性和效率之间的适当平衡。

　　苹果公司为避免新冠肺炎疫情期间产品发货延误，采取了"非正统且代价高昂的措施"，包括增加使用集装箱船、私人飞机包机等。2020年苹果公司首次通过海运运输一些AirPods，2020年第三季度，苹果大幅提高了老款iPhone的海运，为新款iPhone12腾出了空运空间。

　　除此之外，2020年，苹果还包租了200多架私人喷气式飞机来发货，创下了该公司的单年纪录。为了进一步加快送货速度，苹果将其遍布美国和加拿大的零售店作为小型配送中心，允许联邦快递(FedEx)和联合包裹(UPS)等苹果的快递合作伙伴从苹果零售店取货，并将它们送到离零售店很近的顾客手中。

　　苹果的这些措施使大多数苹果产品在2020年交付的时间只比平均水平多几天。在新冠肺炎疫情期间，做到这般是相当不容易的。

　　众所周知，苹果的产品属于高价值产品，苹果公司不惜租下私人飞机来获得响应性。苹果执行长库克曾说过，"库存本身就彻底是一种罪恶"，他还认为，经营电子业就像卖鲜奶，一定是卖最新鲜的产品给客户，保留大量库存，不是无能，就是懒惰。

　　因此，苹果公司采用了一种新的供应链库存管理方法——供应商管理用户库存，这种库存管理策略打破了传统的各自为政的库存管理模式，体现了供应链的集成化管理思想。

　　钻石零售商Blue Nile采用联邦快递这一响应快的运输工具将钻石

送到客户手中，因为钻石价值高，Blue Nile公司为隔夜交付的产品提供免费快递服务。这一做法可以使Blue Nile公司的钻石库存集中化，不用支付昂贵的店面费用，虽然运输成本不菲，但与传统的实体零售商相比，总成本还是较低的，从而在市场竞争中占有一定的优势。

（一）运输决策的组成要素

企业在设计和运作供应链时，必须分析运输决策的关键组成部分，运输决策的组成要素包括以下几个：

1.运输网络的设计

运输网络是产品运输的方式、地点及线路的集合，企业必须决定是从供应源直接运到需求地，还是经过中间集散地，设计决策还包括在单程运输中是否纳入多个供应源和多个需求地。

2.运输方式的选择

运输方式是产品在供应链网络中从一个位置移到另一个位置的方式，可以选择空运、汽车运输、铁路、海洋、管线作为运输方式，目前信息产品也可以通过互联网发送。

每种方式都有其不同的特点，包括装运规模、速度，从单个包裹到托盘再到整车、整船运输，成本和灵活性，这些特点使企业为其货物选择某种特定的运输方式。

（二）运输的衡量指标

外向运输成本是销售费用、一般费用和管理费用的一部分，内向运输决策影响产品销售成本，因此，运输成本影响边际利润，企业应审核以下影响供应链绩效的运输衡量指标。

1.平均内向运输成本

平均内向运输成本是指衡量产品进入设施的成本，一般是按占产品销售额或销售产品销售成本的百分比来衡量，内向运输成本通常包含在产品销售成本中，按供应商来分配这一成本十分有益。

2.平均内向装运规模

平均内向装运规模是指设施每次内向运输装运的平均单位数量或价格。

3.每次装运的平均内向运输成本

每次装运的平均内向运输成本是指每次进货的平均运输成本，该指标和入库装运规模决定了内向运输创造更大规模经济的机会。

4.平均外向运输成本

平均外向运输成本是指将货物从生产设施发送给顾客的成本，该成本理想状态下，应按照装运单位来衡量，现实中经常按销售比例来衡量。

5.平均外向装运规模

平均外向装运规模是指生产设施每次发货装运的平均单位数量或价格。

6.每次装运的平均外向运输成本

每次装运的平均外向运输成本是指每次发货的平均运输成本，该指标和外向装运规模决定了外向运输创造更大规模经济的机会。

7.运输方式比例

运输方式比例是指每种运输方式的运输比例，该指标可以用来估计某种运输方式是否使用过量或不足。

信息：影响供应链绩效的重要因素

企业要通过供应链增加竞争力就需要通过合作来减少风险，提高整个物流过程的效率，而要提高效率对于主要供应链参与者来说必须分享信息。信息包括关于整个供应链上的设备、库存、运输、成本、价格、客户的数据和分析资料。信息是影响供应链绩效的重要因素，它直接影响其他各个因素。管理层可以通过这些有用的信息做出更加灵活、更有效率的决策。

信息连接供应链的不同阶段，使各阶段相互协调信息影响供应链的日常计划和运营。如果信息能够分享并使用适当，在生产线的终端与顾客结账之间定位的大量库存，就能从渠道中被排除出去。

20世纪80年代，宝洁与沃尔玛在合作之前，美国的制造商和零售商分享的信息很少，双方总是围绕着商品价格和货架位置争夺控制权。宝洁是全球最大的日用品制造企业，沃尔玛是全球最大的商业零售企业，但两者的合作并非一帆风顺，而是经历了长期的"冷战"，宝洁总是企图控制沃尔玛对其产品的销售价格和销售条件，沃尔玛很反感宝洁的做法，威胁要终止宝洁产品的销售，或留最差的货架给宝洁。

不过，双方很快都认识到了深度合作的好处，1987年，为了寻求更好的手段以保证沃尔玛分店里"帮宝适"的销售，宝洁负责客户服务的副总裁Ralph Drayer和沃尔玛的老板Sam Walton回到了谈判桌上，这标志着协同商业流程革命的开始，"宝洁—沃尔玛"模式逐渐完善。

起初，宝洁开发并给沃尔玛安装了一套"持续补货系统"，双方通过EDI(电子数据交换)和卫星通信实现联网，借助于信息系统，宝洁公司能迅速得知沃尔玛物流中心内的纸尿裤的库存量、销售量、价格等数据。

这些数据可以为宝洁制定出符合市场需求的生产和研发策略提供参考，同时也能对沃尔玛的库存进行管理，做到及时补货，防止滞销产品库存过多，或者畅销产品断货。

对于沃尔玛来说，这也是一件好事，可以从繁重的物流作业中解放出来，通过EDI获得的数据信息，及时决策商品的进货数量，并由MMI(制造商管理库存)系统实行自动进货。

由此可见，适当的信息有助于提升供应链资产的利用率以及供应链流动的协同性，同时提高响应性，降低成本。尽管信息共享，能使供应链以较低的成本更好地满足顾客需求，但信息越多越好吗？并不是这样的。随着供应链信息被更多地分享，必要的基础设施和后续分析的复杂性和成本会大幅增长，但信息共享的边际价值会随着越来越多的信息被利用而逐渐减少，因此，通过评估所需的最少信息来实现预期目标是非常重要的。

（一）信息决策的组成要素

在供应链中为提高效率改善响应性，公司必须制定信息决策，其考虑的关键因素主要有以下几个：

1.推动式与拉动式

设计供应链的流程时，企业必须确定这些流程是供应链上推动阶段的部分，还是拉动阶段的部分，因为不同类型的系统需要不同类型的信息，推动式系统是基于预测建立主生产计划，再倒推计算生成供应商的作业计划，包括所需零件的类型、数量及交货期。拉动式系统需要实际需求信息快速地传达到整个供应链，使产品的生产和分销准确地反映真实需求。

2.协同与信息共享

供应链协调是指供应链各阶段在信息共享的基础上，为实现供应链利润最大化的目标而运作。缺乏协调，会导致供应链利润的损失，供应链不同阶段的协调，要求每个阶段能与其他阶段共享信息。

3.销售与运作计划

制订销售和运作计划的过程是创造整个供应链计划以满足预期需求的过程，始于销售和营销部门，把需求信息传达到供应链，反过来，供应链是否能够满足顾客需求，以及要花费多少成本的信息传递给销售和营销部门。销售和运作计划的目标是提出一个商定的销售生产和库存计划，用来计划供应链需求，预测收入和利润。

4.企业资源计划

企业资源计划系统能够提供交易追踪和公司及供应链上信息的可视性，这些实时信息能够帮助企业制定供应链运作决策，并提高其质量。

5.使能技术

供应链中有许多技术用来分享和分析信息，企业必须决定使用哪些技术，以及如何将这些技术整合到供应链中，这些技术主要包括电子数据交换EDI、互联网、供应链管理软件、射频识别技术等。

（二）信息的衡量指标

企业应该审核以下影响供应链绩效的与信息相关的指标：

1.预测时段

是指预测所针对的未来一段时间，预测时段必须大于或等于预测引发的决策的提前期。

2.更新频率

是指每个月预测更新的频率，预测的更新应比决策的修正更频繁，以便采取矫正措施。

3.季节性因子

是指对季度平均需求高于或低于年平均需求的程度的预测。

4.计划的波动

是指计划产量或库存与实际值的差额，这些波动可以用来识别短缺和盈余。

5.需求变化与订单变化的比例

衡量的是即将到来的需求与发给供给订单的标准差之比，比例小于1，表明可能存在牛鞭效应。

| 采购：影响供应链利润总额 |

采购是选择由谁来从事特定的供应链活动如生产、存储运输或信息管理。在采购环节，企业必须决定哪些任务进行外包，哪些任务必须在公司内完成，即确定一套选择供应商、评价其绩效的标准。是否选择外包，要视具体情况而定，如果公司提高响应性的成本太高，就外包给响应性好的第三方，如果企业为维持控制，就保留响应能力。

例如，有的企业是生产手机产品的，更新速度非常快，如果企业自己采购，会承担很大风险，企业应把更多的精力放到新产品研发上，因此，这样的企业在采购方面可以建立几个信得过的供应商，建立战略伙伴关系，长期合作，实现供应，企业必须控制双方关系风险并制定动态的供应商评价体系。

三星集团的采购策略是内包，这是因为三星不仅掌握了手机核心技术，并且具备大部分零配件的研发和生产能力。它旗下的子公司互有销售往来，实现了供应链较大程度上的垂直整合，在集团内部实现了规模经济，获得了技术效率，降低了生产成本。同时，各业务之间相互促进，形成了独立性循环。

如果采用外包战略，将一部分零配件的生产进行外包，会使三星的生产体系趋于水平化，导致原有的垂直生产体系遭到破坏，该体系的各种优势都会被削弱。这样一来，外购零配件这一新项目与垂直生产体系这一核心能力无法相互促进。

另外，设计创新能力需要供应链系统的快速反应作为支撑，将零配件的生产和研发外包给第三方，整个供应链的反应速度会比原来自制时更低，导致三星对新设计的反应速度就会降低，其设计创新能力也会随之被削弱。因此，综合考虑，三星集团采取了内包战略。

当然，不同的公司会采取不同的采购策略。比如 Zara 公司，它是通过合理采购使其基础产品有效率、流行产品有响应性的。

Zara公司由于对白色T恤这样的基本款产品的需求是可预测的，Zara公司的目标是提高效率，这类产品就从低成本偏远地区的供应商处采购，但对于流行款产品的需求是不可预测的，Zara公司就从自己的欧洲工厂采购，虽然成本不低，但是在面对时尚市场快速变化的需求时，更具灵活性和响应性。

（一）采购决策的组成要素

在企业范围内做出的关键采购决策，需要考虑以下因素：

1.公司内生产VS外包

决定在公司内部完成任务还是外包给第三方，这是非常重要的采购决策。在运输中，如果决定全部外包，那么就要考虑是只外包需要快速反应的部分，还是只外包需要高效率的部分，因为这些决策部分受它对供应链总利润影响的驱动，若供应链总利润大幅增长，且没有额外的风险，最好选择外包。

2.供应商选择

企业必须决定为某一活动所选择供应商的数量，然后确定评价供应商和选择供应商的标准。

3.供货

供货是供应链获得物品和服务的过程，企业必须根据不断增加供应链盈余的目标设计供货。

（二）采购的衡量指标

采购决策直接影响产品销售成本和应付账款，采购绩效也影响质量、库存及内向运输成本。因此，企业应审核以下与采购相关的指标：

1.应付账款周转天数

应付账款周转天数是指供应商完成供应任务到获得支付之间的天数。

2.平均购买数量

平均购买数量是指每次订货平均购买的数量，其目标是确定订购时各地数量是否充足。

3.平均购买价格

平均购买价格是指一年内购买的某种产品或服务的平均价格，在计算平均价格时，每一价格水平都应以购买数量加权。

4.购买价格范围

购买价格范围是指在一定时期内购买价格的波动幅度，其目标是确定购买数量是否与价格有关。

5.供应质量

供应质量是指供应产品的质量。

6.供应提前期

供应提前期是指订货到产品送达之间的平均时间，提前期较长，会降低响应性，增加供应链的库存。

7.供应商可靠性

供应商可靠性衡量供应商交付的提前期，以及按计划交付的数量的波动。供应商可靠性差会降低响应性，增加供应链的库存。

8.准时交货比例

准时交货比例是指供应商按时交货的比例。

｜定价：影响顾客行为与企业绩效｜

定价是企业决定为其产品或服务向顾客收取多少费用的过程，它决定了企业对通过供应链提供的商品和服务如何收费。由于定价影响顾客是否购买此产品，因此，它直接影响供应链的响应水平以及供应链的需求情况。定价是调整供求关系的重要手段，当供应链柔性较差时，短期折扣可以用来消除供给过剩或通过需求前移来减少季节性需求高峰。

总之，定价是供应链将面临的影响需求程度和类型的最重要的因素之一，也是企业执行竞争策略必须考虑的因素，通常生产制造和运输企业的定价会随着顾客对响应时间的要求而变化。

（一）企业定价策略

企业通常采用的定价策略是需求差异定价法，需求差异定价法是指企业按照两种或两种以上不反映成本费用的比例差异价格销售某种产品或服务。

同一产品的价格差异并不是因产品成本不同而引起的，主要是由消费者需求的差异所决定的。价格差异的基础是顾客需求、购买心理、时间差别以及地区差别等，采用这种方法定价通常以该产品的历史定价为基础，根据市场需求变化的具体情况，在一定幅度内变动价格，需求差异定价法的具体实施有以下方式：

1.根据顾客差异的差别定价

这是根据不同消费者消费性质、消费水平和消费习惯等差异，制订不同的价格。例如，顾客去超市购物，结账时，收银员通常会问顾客是否有会员卡，这是因为会员制度下会员与非会员之间是存在差别的。

2.根据产品差异的差别定价

质量和规格相同的同种产品，虽然成本不同，但在定价时，并不会按照成本不同按比例定价，而是按外观和式样不同来定价。例如，同等质量的坚果，散装和装入礼品盒里的价格相差很多。

3.根据不同地理位置的差别定价

由于地区间的差异，同一产品在不同地区销售时，制订的价格是不同的。例如，人们购买飞机票，头等舱的价格比经济舱的价格贵很多；去电影院看电影，不同的座位价格也是有差异的。

4.根据时间差异的差别定价

同一产品在不同时间段里的效用是不同的，顾客的需求强度也是有差别的。例如，在需求旺季时，可以提高价格；在需求淡季时，可以降低价格吸引顾客购买。

（二）定价决策的影响因素

1.规模经济

规模经济是指在一定的产量范围内，随着产量的增加，平均成本不断降低的事实。规模经济是由于一定的产量范围内，固定成本可以认为变化不大，新增的产品就可以分担更多的固定成本，从而使总成本下降。

多数供应链活动都体现了规模经济的作用，供应链活动的提供者必须决定如何适当定价以反映规模经济性，常用的方法是通过一定量的折扣来实现，不过要确保数量折扣符合经济规模。

2.每日低价VS高—低定价

高—低定价是零售层面使用的一种定价方式，对产品或服务日常情况下收取高价，但经常进行促销活动针对选定的产品临时降低价格。这是大部分超市都采取的定价方式，超市每周都会为某种产品提供大幅度折扣，在折扣周形成购买高峰，随后几周的需求大幅下降。

与大多数超市的定价策略不同，有的企业在其仓储式商店实行每日低价，维持价格长期稳定。仓储式超市是一种带有批发性质的批售式商店，在我国又称为仓储式商场或货仓式商场，如北京的城乡仓储超市、武汉的中百仓储超市、长春的恒客隆仓储超市等。

两种截然不同的定价策略导致不同的需求状况，而这些需求都必须由供应链来满足。

3.固定价格与菜单定价

公司必须决定它是为供应链活动收取固定价格，还是按其他属性（例如，响应时间或交付地点）提供不同的价格菜单。如果供应链的边际成本或顾客价值随某些属性变化很大，则提供价格菜单往往是有效的。

所有定价决策都是为了增加企业利润，这就要求企业必须了解完成供应链活动的成本结构以及该活动能为供应链带来的价值。

（三）定价的衡量指标

定价可以直接影响收入，也可以影响生产成本及库存，企业在定价之前，应审核以下与定价有关的指标。

1.边际利润

是指利润占收入的百分比。

2.平均销售价格

是指一定时期内供应链完成某项任务的平均价格。

3.平均订货量

是指每次订货的平均数量。

4.销售未付款天数

是指公司在销售完成后取货款所需的工作日数。

5.单位可变增量成本

是指随订货量大小变化而增加的成本。

6.销售价格区间

是指某一特定时期内每单位产品的最高销售价格和最低销售价格的变化范围。

7.周期销售额区间

是指在某一特定时期，每单位时间（日、周、月）最高销售量和最低销售量的变化范围。

值得一提的是，以上提到的相关指标仅供参考，实际业务中需要制定适合自己业务目标的指标来衡量，找出最佳的解决方案。

第四章

做好采购与
供应商管理

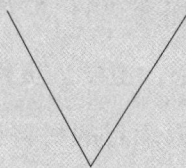

| 供应链的常见采购模式 |

为了在全球化发展的趋势下提升竞争力，企业必须对传统供应链采购模式进行优化，从单一的竞争性采购模式到集中采购、全球采购、准时制采购及其优化组合，从而增强供应链的竞争力。

（一）集中采购模式

集中采购是指采购组织同时为多个企业实施采购，通过全面掌握多个企业的需求情况，与供应商签订统一合同，实现大规模订货，利用规模优势，提高议价能力，降低采购成本。集中采购模式特别适合集团性大型企业，比如恒大集团。

恒大集团的战略采购招标为"3+1"模式，"3"是指3个模块，第一个模块是集团的招投标中心，主要负责整个施工工程；第二个模块是材料公司，专门负责集团所有项目的材料设备和物资的集中采购供应；第三个模块是建筑设计院，主要负责设计招标。"1"是指恒大集团专门成立的监察管理系统，负责对所有招标工作进行监督、检查。

恒大总部主要负责和供应商签订合同、计划下达、结算付款，总部分为六大业务部门，涉及公司的计划订单、供应商管理以及结算的全过程管理。恒大集团采取集中采购模式是由于业务涉及的区域范围广，产品结构多，这种采购模式可以节约成本，并有助于集团实现快速扩张。

（二）全球采购模式

全球采购是指利用全球的资源，以电商交易平台为基础，整合互联网技术和传统工业资源，在全世界范围内去寻找供应商，寻找质量最好、价格合理的产品。这是大型企业全球化战略的必然要求。

宜家（IKEA）是一家跨国性的私有居家用品零售企业，在全球多个国家拥有分店，贩售平整式包装的家具、配件、浴室和厨房用品等商品。宜家采取的是全球采购模式，在确保质量的前提下，以低价为核心，产品分布在全球16个贸易区域，46个贸易代表处分布在30多个国家，采购贸易区的工作人员负责在总部和供应商之间进行协调，实施产品采购计划，目前，宜家在全球50多个国家和社区拥有1300多个供应商。

宜家卖场所有的产品都源自宜家瑞典总部的研究中心，研究中心负责宜家所有产品的设计与研发，然后由分布在世界各地的供应商生产加工，最后按照宜家商场的具体要求，经过当地的采购中心集中采购。

与宜家一样，沃尔玛采取的也是全球采购模式，全球采购是指某个国家的沃尔玛店铺通过全球采购网络从其他国家的供应商进口商品，而从该国供应商进货则由该国沃尔玛公司的采购部门负责采购。

在沃尔玛的全球采购流程中，其全球采购网络如同一个独立的公司，在沃尔玛的全球店铺买家和全球供应商之间建立起销售渠道，沃尔玛全球采购中心收集了丰富的市场信息和产品信息，以便更好地挑选供应商。

（三）准时制采购模式

准时制采购也称JIT采购法，是准时制生产系统的重要组成部分，

JIT系统是指企业在生产自动化、电算化的情况下，合理规划并简化采购、生产及销售过程，使原材料进厂到产成品出厂进入市场能够紧密衔接，尽可能减少库存，达到降低产品成本、全面提高产品质量、劳动生产率和综合效益目的的生产系统。

准时制采购是一种基于供应链管理思想的先进的采购管理模式，供应商可有效参与采购企业的内部作业，在采购提前期或紧急采购时，及时订立条款，控制产品质量，提高企业运作的灵活性。

准时制采购模式有助于降低原材料和外购件的采购价格，大幅降低原材料和外购件的库存，提高生产率。海尔集团和丰田公司采取的都是准时制采购模式。

海尔集团借助物流专业公司力量，在自建基础上小外包，总体实现采购JIT、原材料配送JIT和成品配送JIT的同步流程，该模式得以实现是基于海尔的现代集成化信息平台，海尔凭借CRM与BBP电子商务平台，与全球用户的资源网、全球供应链资源网建立联系，实现了与用户的零距离，从而提高海尔对订单的响应速度。

丰田公司的准时制采购主要是采用CAD、CAM技术，用计算机分解画面进行设计，并根据此资料设计车体的各部分构造，然后采用CAM技术生产出样机模型，分派给零件厂商。许多零件是在使用前几个小时才生产的，生产出的零件放在临时堆料场，需要时，由后工序的人员去领取。另外，丰田公司的零配件厂商多位于同一个工业园区，既降低了运输成本，也减少了运输途中的损耗，当然也大幅降低了库存量。

在市场经济瞬息万变的今天，采购不仅是关注采购价格和原材料质量这么简单，采购过程中充满了不确定性和潜在的风险，如何有效地降低采购风险，是每个企业都必须认真思考的问题，采购风险是企业所在供应链最主要的风险。

通过优化采购模式，提高采购效率，降低采购成本，使采购过程公开化、透明化，促进采购管理的科学化，实现生产企业从库存采购到订单采购的转变，实现采购管理从内部资源管理到外部资源管理的转变，注重与企业内外的合作，加强对供应商的管理，才能有效地降低采购风险。

吉利汽车的"共同体"采购实例

中国汽车工程学会名誉理事长付于武曾经说过，在过去很长一段时间，中国汽车产业发展的最大"软肋"是汽车零部件，尤其是关键零部件。在核心零部件的产量中，外资企业占据绝对优势，内资零部件的销售额收入仅占全行业的20%~25%，这严重影响了我国自主品牌整车企业的研发和产品升级换代。

在这种情况下，吉利汽车集团被迫谋求变革，开始了创造性的探索。原国务院发展研究中心学术委员会副秘书长来有为表示，在世界汽车工业发展历程中，形成了三种最具代表性的整车与零部件企业之间的关系模式，分别是以日本为代表的宝塔式供应体系、以美国为代表的多元化供应体系和以德国为代表的平行式供应体系。

第一种是以日本为代表的宝塔式供应体系。例如丰田公司，该公司只与一级配套供应商直接发生关系，数量较少，只有十几家或几十家，但一级配套供应商实力不俗，是具有产品开发能力的总成系统或模块供应商。

每个一级配套供应商会有更多的二级、三级甚至更低级别的零部件供应商，零部件供应商的数量随级别的降低而增多，形成了以整车厂为中心，吸收大量中小企业参加零部件供应体，呈宝塔形状。

第二种是以美国为代表的多元化供应体系。美国三大汽车公司原来都有自己的零部件子公司，后来进行组织结构调整，实现了二者的分离，但二者依然藕断丝连，保持着紧密的配套关系。

例如，德尔福公司原为通用汽车公司的零部件子公司，但德尔福公司与通用汽车公司分离后，通用汽车公司依然是德尔福公司最大的客户。

美国的汽车企业除了与本国的供应商保持密切联系外，同时也进行全球化采购，重视产品质量、价格、供货及时性、售后服务等因素。

第三种是以德国为代表的平行式供应体系。整车企业与零部件企业之间几乎没有资本纽带，各自平行发展，整车企业向零部件企业采购产品，形成配套关系。零部件企业也会努力研发新产品，以提高同行竞争力，为整车企业提供优质的零部件。

无论是哪种供应关系，都与各国的汽车行业发展现状息息相关，照搬照抄他国的模式，有可能在本国汽车行业水土不服，寻找到一条适合自己企业发展的路才是关键。

于是，吉利集团摸索出了一条创新路，即"1+1+1"的合作模式。

就是把中国的成本、市场、地方政府的政策和支持，同外国的技术、质量、资金、人才，通过资本及法律的纽带联结起来，形成利益关系和新的竞争力。在这个过程中，创新和转型升级是根本。

具体来说，就是吉利集团将法国佛吉亚、日本泰极、中国台湾信昌、中国延锋伟世通、中国延锋江森等国际一流供应商与吉利集团的核心供应商浙江利民集团、浙江顶立添翼集团等聚合在一起成立合资公司，形成利益共同体。

我们以法国佛吉亚集团、浙江利民公司、吉利集团三者的合资为例。浙江利民实业有限公司是吉利汽车内饰件方面最大的供应商，在"1+1+1"合资模式下，浙江利民实业有限公司得到了吉利集团的技术支持，技术水平快速提升，并愿意投入巨资进行技术改造，提高了企业的市场竞争力。

佛吉亚是全球第六大汽车零部件供应商，在产品技术、品质管理、制造工艺等方面有很多值得浙江利民实业有限公司学习的地方，通过三方合资，可以将佛吉亚的成熟技术通过利民的平台与吉利的产品进行迅速匹配和对接，而浙江利民实业有限公司也可以将自己的成本控制经验与佛吉亚集团分享，实现共同进步。

三方合资后，形成了利益共同体，比单纯的配套商关系更稳定。对吉利集团而言，可以采购到优质的汽车零部件，并降低生产成本，而对于佛吉亚集团和浙江利民实业有限公司而言，能够背靠吉利集团这棵大树，自然好乘凉，而且可以进入吉利的供应商体系，吉利集团本身也参股，比独立供应商更有保障，同时三方互通有无，又能实现企业的发展与进步，可以说是一举多得，何乐而不为呢？

吉利集团推出的"1+1+1"合作模式之所以会受到一些外资企业的青睐，一个很重要的原因就是能进入吉利供应链体系，况且吉利集团还收购了沃尔沃，其实力雄厚，这样的诱惑外资企业很难抗拒。

当然，任何一种采购模式都可能存在潜在的问题，吉利集团推出的"1+1+1"合作模式也不例外。例如，通过合资的模式，是否真的能够实现外资零部件企业与本土供应商的技术共享；合资模式在提升品质的同时，必然会造成成本的上升，这个问题能否解决。

| 为什么要管理供应商 |

供应商是指为企业生产和科研单位研发提供原料、设备及其他资源的企业，供应商既可以是生产企业，也可以是流通企业。企业要保证正常生产，就必须有稳定的供应商为其提供物资供应。

但由于供应链是一种网状结构，将所有企业联系在一起，组成了一个整体，一旦某一个局部出现问题，就会牵一发而动全身，马上扩散到全局，让整个供应链都深受其害，舍弗勒集团和惠普公司就曾吃过这样的苦头。

2017年9月14日，舍弗勒集团大中华区发布"紧急求助函"，声明其唯一在使用的滚针原材料供应商上海界龙金属拉丝有限公司，因环保方面的原因，被责令停产、拆除设备，而滚针的断货将导致49家汽车整车厂的200多款车型停产。

紧急求助函还称，滚针虽小，可一旦出现问题，后果将十分严重，有可能导致自动变速箱爆裂等安全事故。如果重新寻找供应商，则需要经过技术认可和质量体系认证，这个过程是漫长的，可能需要3个月的时间。在这段时间里，滚针供货缺口预计将超过1500吨，这会造成300多万辆减产，产值损失高达3000亿人民币。

舍弗勒集团拥有全球范围内滚动轴承和直线运动产品最知名的品牌INA、FAG和LUK，而供应商上海界龙金属拉丝有限公司注册资本仅有1700万元，这样一个供应商，生产那么小的一个零部件，却差点把舍弗勒集团掀翻，可见供应链中断性危机多么可怕。

2000年，惠普公司和舍弗勒集团一样，也面临一次供应链危机，因快速发展的移动电话制造商大量使用闪存，原本用于打印机里面的数量就不够，惠普公司无法获得充足的闪存供应来满足利润丰厚的打印机生产需求，导致无法按计划生产出大约25万台打印机，这将导致惠普公司面临几千万美元的损失。

为了保证闪存的供应量，惠普公司不得不和供应商签订了为期3年的合同，在合同中明确了供应的恒定价格和数量，可是闪存市场十分不稳定，价格差异变化很大，但惠普公司为了保证生产，只能这么做。

除了供应链中断性危机外，遇到不良的供应商，会让企业品牌受到影响，损害消费者利益。2021年5月6日，深圳市监局收到消费者的举报信，举报人称在沃尔玛（中国）投资有限公司各分店购买到立陶宛卡纳皮里臻选啤酒4罐装，单价19.8元。商品生产日期为2020年10月5

日，保质期至 2021 年 10 月 5 日。但罐体下方显示被擦掉的原生产日期为 2020 年 5 月 5 日，保质期至 2021 年 5 月 5 日，涉嫌篡改延长保质期。

后经深圳市监局调查，认定沃尔玛确实有篡改延长保质期的行为。5 月 20 日，沃尔玛（中国）投资有限公司通过微信公众号发布声明称，卡纳皮里臻选啤酒进口自立陶宛，在立陶宛完成生产、包装的全过程。根据初步调查结果，生产日期的涂改发生在生产环节。涉事商品以及该供应商的其他商品已经全部下架，与该供应商的合作已经停止。

通过以上三个案例，我们意识到加强对供应商的管理有多重要，一旦供应商出了问题，企业就会陷入危机中，这种危机是多方面的，有可能品牌影响受损，有可能导致供应链中断等，给企业造成严重的经济损失。

华为就非常重视对供应商的考察和管理，致力于为所有潜在供应商提供合理、平等的机会。如果华为和供应商有意开拓业务关系，华为采购部会先让潜在供应商完成调查问卷，对问卷进行评估后，如果华为有兴趣和供应商合作，将启动后续认证步骤，与供应商面谈，根据面谈结果，决定是否需要进行现场考察。

若需要进行现场考察，就进行样品测试和小批量测试，确保供应商的产品满足规格要求，产能满足需求。当华为有采购需求时，通过认证的供应商将作为候选供应商进入供应商选择流程，负责供应商选择的部门是采购部各物料专家团（CEG），该部门制定了完善的供应商选择、公平价值判断流程，既保证了供应商得到平等的机会，也确保了华为选出最符合自身利益的供应商。

华为采购部还制定了供应商评估流程，供应商绩效评估是整个供应商关系管理的重要环节。它既是对某一阶段双方合作实施效果的衡量，又是下一次供应商关系调整的基础。

华为会定期向供应商反馈评估结果。该流程包括相关专家团正式的绩效评估，绩效将从技术、质量、交货、成本、响应和合同条款履行等方面进行评估。其目的是为双方提供沟通的机会，提升彼此的关系，当然，华为也非常愿意倾听供应商的心声，让他们站在客户的角度去评价华为，以此来提升自己，改善华为内部的业务运作。

此外，华为设立供应商反馈办公室，来处理所有与采购相关的问题，供应商可以畅所欲言，让华为了解他们的顾虑，从而促进了华为与供应商之间更为开放、有效的关系，在此过程中，也有利于华为进行自我监督，遵守诚信。

对供应商进行管理的目的，就是要建立一支稳定可靠的供应商队伍，为顾客提供高质量的产品或者服务，优秀的供应商是组织的一项重要资产，将为购买其产品或服务的组织带来丰厚的回报。

供应商选择及管理方法

狭义地讲，选择供应商是指企业在研究所有的建议书和报价之后，选出一个或几个供应商的过程。广义的供应商选择是包括企业从确定需求到最终确定供应商以及评价供应商的不断循环的过程。

供应商对组织而言，可以用一句话来形容，"成也萧何，败也萧何"，因此在选择供应商时必须谨慎，并对供应商进行管理。

（一）供应商的选择

企业在选择供应商时，应考虑以下三方面影响因素：

1.供应商是否能够长期合作

找到一个优秀的供应商不容易，如能建立长期稳定的关系，就能为企业减少很多风险，因此，在考察供应商时，企业首先要考虑是否能够长期合作。可以重点考察以下两点：

第一，考察供应商的组织机构，如供应商组织机构设置不合理，就会极大地影响采购的效率与质量，甚至会因为供应商内部各部门之间互相推诿，导致无法按时按质量完成供货。

第二，考察供应商是否采用相应的质量体系，比如是否通过ISO9000质量体系认证，工作人员是否按照该质量体系认真完成各项工作。

2010年4月20日，英国BP石油公司位于墨西哥湾的原油钻井平台发生爆炸，造成11名工人死亡，约490万桶原油泄漏至墨西哥湾海域，引发严重生态灾难，导致英国BP石油公司损失400亿美元的罚款及修复费用。

墨西哥湾石油泄漏事件是由于英国BP石油公司的供应商失误造成的，如经营深海钻机的哈里伯顿公司，该公司此前主要负责油井的稳固和安全。因此对供应商质量体系的考察一定要严格。

第三，考察供应商的财务状况，如果供应商的财务状况有问题，将直接影响交货和产品质量，从而影响企业的生产，甚至导致停工。

2.从细节处考察供应商

以上三点是从宏观方面讲如何选择供应商，在微观上，企业在选择供应商时，需要考察以下四个细节。

（1）商品质量。供应商的商品质量是首先要考虑的问题，但并非商品的质量越高越好，而是要选择合适的商品质量，商品质量高，如超过企业要求的标准，必然会增加企业成本，同时也是一种浪费；而质量差、价格低的商品，虽然采购成本低，但可能会导致企业总成本增加，因为质量不合格的产品在使用过程中有可能出现问题，得不偿失。因此，一定要选择质量要求符合企业成长所需的供应商。

（2）成本。这里所说的成本不仅仅是采购价格，还包括原料或者零部件在使用过程中的一切支出。价格较低的供应商未必是最合适的，如果交货时间无法保证，运输费用过高等，也会增加总成本。

（3）交货是否准时。供应商能否按约定的交货期限和交货条件供货，将直接影响企业是否能够按时生产，保证生产的连续性。所谓及时交货，是指按照约定的时间准时送货，不早不晚，这可以降低库存数量，从而降低库存占压资金等费用。

（4）整体服务水平。供应商的整体服务水平是指供应商内部各作业环节能够配合购买者的能力与态度。我们可以从安装服务、技术支持服务两个主要方面来评价供应商的整体服务水平。

（二）管理供应商的方法

企业的生产问题，很大程度上取决于供应商，供应商的管理是企业最具风险的管理问题之一，因此必须加强对供应商的管理。

1.把供应商看作企业的一部分

很多企业在面对供应商时，自感高人一等，自己是客户，殊不知，企业的生产发展与供应商息息相关，如果我们不尊重供应商，看低供应商，最终吃亏的是我们自己，当然抱着这样的心态也很难管好供应商。

正确的做法是将供应商看作企业的一部分，两者是紧密联系的整体。例如，丰田公司非常重视供应商，激励并助其改善，帮助供应商建立起精益管理体系，推行TQC来提升和稳定供应商零部件的品质。

吉利集团的"1+1+1"合作模式，就是吉利集团将国际一流供应商与吉利集团的核心供应商聚合在一起成立合资公司，形成利益共同体，同呼吸共命运。

2.建立供应商评估指标体系

供应商评估指标体系是企业对供应商进行综合评价的依据和标准。不同行业不同企业的供应商评估指标不同，但基本上都包括供应商的业绩、设备管理、人力资源开发、质量控制、价格、成本控制、技术开发、用户满意度、交货协议等方面。

例如，海尔对供应商的评价主要侧重质量、成本、交货期，以及能否参与到早期设计过程等方面，对供应商的评价包含在对供应商的质量体系考核评价中，海尔对3个月绩效不合格的供应商给予淘汰处理，对存在一定问题的供应商，要求其进行整改。

美的集团对供应商的管理主要包括绩效评分和红黄牌管理，供应商绩效评分的指标包括项目交付、项目成本、项目质量、合作意愿四个方面，每个指标所占权重不同，评价细则也不同。

红牌供应商是指对年终综合得分少于60分的供应商，对于红牌淘汰的供应商及其关联企业5年内不得再次引入。黄牌供应商是指半年/年度综合绩效得分少于70分的供应商，对于黄牌企业，需要停止参与项目招标6个月，半年后经复评合格后，撤销黄牌，恢复正常招标。

3.加强细则管理

对供应商的管理只有时刻不放松，才能及时发现其存在的问题，主要包括进度管理、品质管理、成本管理、契约管理四个方面。

（1）进度管理：进度管理就是随时了解供应商的生产进度，而不是等到交货了采取催促，企业可以借助ERP系统，为供应商开放权限，让供应商及时更新生产数据。

（2）品质管理：企业应不定期地对供应商进行巡检，并对质量进行抽查，不要等到交货时再去做这些事情，以便及时发现问题，尽早处理。

（3）成本管理：企业要帮助供应商建立新的研发技术，降低成本。

（4）契约管理：对供应商进行契约管理，包括是否能如期交货，能否确保产品质量，以及能否与企业进行良好的配合等。

对企业而言，提高供应商管理水平，就是在降低成本，就是在增加企业效益与竞争力。

| 集成：供应商管理的最高层次 |

供应商管理的最高阶段是供应商集成，供应商集成就是把关键供应商集成到企业的供应链里，让它们成为企业的有机延伸。为什么供应商是企业的有机延伸呢？可以从三方面来理解。

（一）供应商早期介入设计

核心制造企业和原材料或部件供应商在新产品概念形成时便开始的合作被称为供应商早期参与(ESI)，有统计资料显示，70%~80%的产品成本取决于设计的早期阶段，产品开发过程孕育了产品，也直接决定了产品的基因，新研发的产品的质量是否容易控制，是否方便制造和装备，都将决定生产制造成本和质量成本的高低。

将优秀的协作供应商纳入早期介入设计阶段，有助于提高产品质量，降低成本，加快产品开发速度，消除供应商和客户企业的制造问题以及提高产品质量，越复杂、技术含量越高的行业，供应商早期介入越重要。

无锡捷利电气公司是一家集科研、技术开发和生产于一体的高新技术企业，产品销及全国32个省、自治区、直辖市，远销欧洲、非洲、中东、东南亚国家及地区，年销售额达20多亿人民币。

企业规模日益增大，使得捷利电气公司在研发、设备等方面的投入越来越大，与世界级同行进行对比后，捷利电气公司的产值研发及综合质量成本高出30%，为此公司设立了"战略总成本优化"项目，重点是通过协同供应商参与研发过程来降低成本，弥补质量缺陷，目标是总成本降低20%。

捷利电气公司的做法并不是先例，丰田也将供应商纳入产品规划体系，凯美瑞正是丰田全新研发生产模式的早期成果。得益于供应商的提早介入，该车挡杆所用零件数量减少了30%，该挡杆的生产工作仅需1名工人即可完成，而上一代产品在生产环节需要4名工人；新一代挡杆生产设施占地面积比上一代产品缩小了60%，生产时间则缩短了40%；该零部件的生产投资也下降了25%。

（二）量产阶段供应商与企业生产系统的对接

在量产阶段，供应商集成就是通过JIT、VMI，将供应商与公司的生产系统对接起来。JIT、VMI简化了供应链的产品流、信息流和资金流，可以实现供应商和企业双赢。

1953年，日本丰田公司副总裁大野耐一综合了单件生产和批量生产的特点和优点，创造了一种在多品种小批量混合生产条件下高质量低消耗的生产方式，即准时生产(JIT)。

准时生产的基本思想是"只在需要的时候，按需要的量，生产所需的产品"，即追求一种无库存，或库存达到最小的生产系统，其目标是彻底消除无效劳动和浪费，比如达到废品量和库存量最低，准备时间最短等。

供应商管理库存（VMI）是指供应商等上游企业基于其下游客户的生产经营、库存信息，对下游客户的库存进行管理与控制。简单地说，

VMI是一种以用户和供应商双方都获得最低成本为目的，在一个共同的协议下由供应商管理库存，并监督协议执行情况和修正协议内容，使库存管理得到持续改进的合作性策略。

之前，联想集团国际上供应链管理通常使用看板式管理，即由中国香港联想对外订购货物，库存放在香港联想仓库，当内地生产需要时再由中国香港公司销售给内地公司，然后根据生产计划调拨到各工厂，从而最大限度地减少内地材料库存。

但这个模式运作流程复杂，不可控因素较大。后来联想集团开始实施VMI，由第三方物流伯灵顿全球货运物流有限公司管理库存，并负责分拣、海关申报及配送到生产线；海关通关作业系统、保税仓库管理系统与联想第三方物流企业间的电子商务平台建立连接，实现物流信息的共享；请北京海关参与并指导联想集团对供应商管理库存模式的管理，改革了传统的监管作业模式，使通关、担保验放更便捷。

VMI的实施，使联想内部业务流程得到精简，物流速度加快，时效缩短，保证了生产所需物料的配送，同时大幅缩短了供应量，降低了成本。

值得一提的是，JIT、VMI的做法并不适用于所有产品，例如，在小批量行业，需求变动性很大，实施JIT就不现实。但在这些行业，如有些料号的用量较大、需求较稳定，VMI的实施就有现实意义。

（三）电子商务

电子商务可以帮助供应链和企业简化交易流程，降低双方交易成本，有些企业自己开发电子商务系统，通过网站、EDI和其他信息技术手段，把ERP里的订单、图纸、规范等信息分享给供应商，不仅节省了人力，还提高了附加值。

国际化是海尔一个重要发展战略，而电子商务是全球经济一体化的产物，因此，进军电子商务是海尔国际化战略的必由之路。海尔电子商务从两个方面促进了新经济模式运作的变化。

一是从B2B的电子商务来说，它促使外部供应链取代自己的部分制造业务，通过B2B业务，仅给分供方的成本的降低就收益8%~12%。

二是从B2C的电子商务角度来说，它促进了企业与消费者的继续深化的交流，提升了企业的品牌价值。

借助先进的信息技术，海尔进行了一场管理革命：以市场链为纽带，以订单信息流为中心，带动物流和资金流的运动。通过整合全球供应链资源和用户资源，逐步向"零库存、零营运资本和(与用户)零距离"的目标迈进。

第五章

供应链第一道防线：

需求预测

我们为什么要做需求预测

需求预测是基于历史数据和未来的判断得出的有理论依据的判断，这有利于企业高层对未来的销售以及运营计划、目标、资金预算做出决策参考，也能为采购、仓库作业资源调配提前做出判断，以便做出合理的安排。

如果没有需求预测，企业内部很多决策，包括采购、销售、财务预算等，都只能凭经验做出判断，很容易导致对市场预判不准确，造成库存积压，资金周转不畅等问题。如今，需求预测已经成为企业持续发展的必要条件，拥有良好的需求预测的企业，其抵御市场风险的能力会更强。

（一）需求预测有助于降低库存成本

只有把握顾客的需求，才能避免出现大量库存或者因缺货不能满足顾客需求，而要把握客户的需求，就必须进行需求预测。对企业而言，需求预测不仅能降低库存成本，还可以减少资金占用，加快流动资金的周转，以及减少因库存时间太长而导致产品过时、过期带来的损失。

沃尔玛是世界上最大的零售商之一，在全世界有130万名员工，在美国有超过3000家工厂，在美国、墨西哥、加拿大、阿根廷、巴西、中国、韩国、德国等国家有1000多家商店。如此庞大的企业，一旦出现大量库存，是非常危险的事情。

沃尔玛的神奇武器是CPER系统，CPER系统帮助沃尔玛建立起一套针对每件商品的短期预测方法，用来指导订货。CPFR的形成始于沃尔玛所推动的CFAR，CFAR是利用互联网通过零售企业与生产企业的合作，共同做出商品预测，并在此基础上实行连续补货的系统。后来，在沃尔玛的不断推动下，基于信息共享的CFAR系统又升级为CPFR系统。

这种由相互协商确立的短期预测成为改进需求管理的动力，使供给与库存水平得到了很好的控制，并帮助沃尔玛和供应商节约了大量的库存维护成本，大幅提高了市场竞争力。

（二）需求预测有助于缩短交货期

客户购买产品或服务后，对交货期的要求非常高，如果企业没有预测，或者预测不准，就无法满足客户对交货期的要求，无法在合同约定的时间内交货，一旦失信，就会导致大量订单丢失。

经常打网约出租车的朋友一定会有这样的体验：遇到上下班高峰，打车经常需要等很长时间，不仅客户体验不好，对出租车也是不小的损失。丰田公司联合日本打车服务平台JapanTaxi、日本电信公司KDDI株式会社和咨询公司埃森哲，研发了一个出租车调度支持系统。该系统利用AI技术，可将出租车服务日志数据、基于位置的智能手机大数据对人口构成的预测以及活动信息结合起来，预测出租车服务的需求，准确率高达94%。有了出租车调度支持系统，就可实现乘客与出租车的双赢，同时也极大地缓解了日本的交通问题。

（三）需求预测有利于合理安排生产

供应商通常有许多客户，而任何一个供应商的生产能力都是有限的，如能提供给供应商准确的预测，供应商就可以根据客户提供的需求预测来进行有计划的生产，从而提高采购订单的满足率，便于长期合作。否则，供应商根本无法满足全部客户的订单需求。

美泰公司是全球最大的玩具制造商之一，在儿童产品的设计、生产、销售方面处于领导地位，美泰公司的首席信息官约瑟夫·埃克若斯曾说过这样一段话："我之所以能够根据一个玩具的销售进度情况决定是增加生产还是停止生产，取决于我得到的信息。以日或者小时为单位获取的销售数据非常重要，我可以很准确地计算出什么东西在什么地方卖得最好，然后调整生产。当美泰和生产厂家之间建立起信任、互惠互利的关系时，整个系统的效能就发挥出来了。从全球范围内的客户那里收集的数据，可以帮助我最优化销售并为客户提供最好的价格。"

（四）需求预测有助于合理安排运输

对于距离较近的客户，企业可以采用集中运输的方式，这样既可以节约运输成本，又可以缩短运输时间，减少破损率。

沃尔玛在整个物流过程中，最昂贵的部分就是运输，因此，沃尔玛在设置新卖场时，尽量以其现有配送中心为出发点，卖场一般都设在配送中心周围，灵活高效的配送中心既缩短了送货时间，又降低了送货成本。

但是要使灵活高效的配送中心发挥作用，离不开现代化的物流信息技术，它利用信息技术如 EDI、EOS、POS 等，提高物流配送效率，增强其经营决策能力。在这些信息技术的支撑下，沃尔玛做到了商店的销售与配送中心，配送中心与供应商的同步。

（五）需求预测有助于做出信息含量更高的定价、促销决策

例如，沃尔玛公司通过自动订货和供给系统，发现每家商店的购买模式都不相同，通过这些数据，沃尔玛将7亿种商品进行组合分析，实现了将正确的商品在正确的时间以合适的价格运送到正确的商店，卖给顾客。

需求预测虽然重要，但它并不能被当成需求计划和销售目标。预测是对未来可能发生的情况的一种假设，本质上还是一种推测，只能作为参考。

｜数据是需求预测的前提和基础｜

有位女士想租一个铺面卖服装，但不知道在哪里好，但她明白一个道理，人流量大的地方一定好。于是，她连续蹲点两个月，坐在那些准备出租的铺面前数过往的人流量，并认真记录下来。

例如，一天有多少人从铺面前经过，一天之中哪个时间段的人最多，一周之中哪天的人流量最大等，通过收集数据，她找到了一个旺铺，店面开张后，生意果然很好。

严格来讲，这位女士的做法算不上需求预测，因为她只做了需求预

测的开始——数据，她通过详细计算从铺面前经过的人流量来预估可能的销售量。但数据是需求预测的前提和基础。

（一）数据从哪里来

我们以制造商为例，要直接利用销售终端的销售历史，来生成需求预测，为什么要从需求历史数据开始呢？这里的基本假定是业务的重复性，对于一个大规模企业来说，它一定是在做重复性业务，例如，海尔做的主要业务是家电，苹果公司主要开发和销售电子产品。

当然，历史不能重复，过去的数据并不能和现在、未来的数据完全相同，但是我们结合过去的数据，再加上集销售、市场、产品管理、高层管理等的意见，修正预测，整合了历史数据和专业判断的预测，其错误率是最低的，从而增加了供应链第一道防线的胜算。

值得注意的是，制造商一定要越过渠道，直接收集销售终端的数据，可以借助协同计划、预测和补货（CPFR）来打通和零售商的通道，提高信息的透明度。零售商往往不善于分析工作，而制造商有这样的能力，却无法得到真实的一手数据，若脱离了数据，依靠经验，拍脑袋做决策，很容易犯错误。

因此，一定要将制造商与零售商对接，整合前端的判断能力和后端的分析能力，提高预测的准确性。

（二）从数据里能得到什么

收集数据后，要对数据进行基本的分析，那么，我们从数据里可以得到什么呢？

1.发货数据的时间单元

我们先看一下发货数据的单元是按月划分还是按周划分，即记录的是每周还是每月的发货量，从供应链运营的角度来说，相比之下，周是更理想的单元，是企业运营管理细度的表现。

一般来说，管理能力越强，管理力度越深，时间单元越小，时间单元越小，数据样本就越大，在数据统计上就越有意义，但并不意味着时间单元要小到按天计算，这会误导企业多放安全库存来应对，并且有可能导致数据不符合正态分布。

2.订货频次

订货的频次同样能反映出客户的运营水平，运营水平越高，订货的频次越高，订货量越平稳，就有可能是优质客户。

有些客户会出现这样的问题，突然大批量订货，但要求分多次送货，这样的客户往往在管理上比较粗放，整体计划性有待提高。

3.客户集中度

我们可以选取半年时间的需求历史，按照料号、客户、月份分解，就能判断出对于特定的料号，是否有客户占据了相当大的比例。对于这类客户，在需求预测和需求管理时要特别"照顾"，主动与销售对接，及时了解客户信息，对客户的需求变化尽早知晓，以便及时采取措施补救。

4.需求变动

我们可以基于过去一段时间的发货历史，计算出每个料号的需求标准差除以平均需求值，得到度量变动性的变异系数，我们会发现不同料号的变动性不同，因此在管理上也会有相应的差异。

5.隐藏的客户信息

数据中有很多值得企业去挖掘的潜在价值，只有企业认真分析，才会发现其中隐藏的更多的客户信息。例如，客户的订货习惯，是每月下单还是每周下单，是否接受部分发货等，不要认为这些信息与企业无关，假设客户每月订货，又不接受部分发货，那就意味着企业需要准备更多的库存来应对，否则就要适当降低安全库存。

（三）海尔SCRM数据平台

管理学家研究发现，拥有优秀大数据能力的企业，做出正确决策的可能性高出竞争对手3倍，决策速度比竞争对手快5倍。在大数据能力方面，海尔集团走在了前列，海尔SCRM已有1.4亿用户数据，年转化的销售额高达60亿元。

用户是谁，用户在哪，用户要什么，是每个企业都必须解决的问题，海尔通过SCRM平台采集全面用户数据，从数据中提取有用信息，进而满足企业精准营销、辅助决策、预测客户需求、管理客户关系等需求。

海尔SCRM在应用层面主要有"营销宝"和"交互宝"两个App，还可以连接其他平台实现更多功能，"营销宝"的主要功能是辅助营销和销售人员面向区域社区与用户个体开展精准营销；"交互宝"的主要功能是帮助研发、设计和企划人员更全面地了解用户痛点、受欢迎的产品特征、用户兴趣分布与可参与交互的活跃用户。

海尔集团内部各部门和数据平台拥有众多用户数据，通过SCRM平台将这些数据有机连接起来，包括注册数据、官方网站数据、产品销售数据、售后服务数据、社交媒体数据等，共获得1.4亿用户数据，其中有3000万活跃会员。

通过这些数据，海尔构建了多维度的用户画像标签体系，该体系包含7个层级、143个维度、5236个节点，通过数据清洗，识别出每个海尔用户姓名、年龄、住址、电话、邮箱、产品等信息。

通过捕获用户在全网上的行为数据，预测用户的特点、生活习惯、爱好等，数据标签越多，用户标签就越丰富，用户画像就越清晰。

以大量用户数据和用户标签为基础，通过各种预测模型，企业可以预测出用户购买各种产品的可能性和偏好，然后按需求的强烈程度和偏好分组，为精准营销做好准备。

| 需求预测由判断结果而结束 |

Dove多芬希望推出中国女性的品牌营销活动，在此之前，公司收集数据，并且进行分析，然后准确定位，判断用户需求是活动能否成功的前提和基础。于是，公司与百度合作，分析用户在搜索多芬时，同时还会搜索哪些关键词。

数据分析发现，用户在搜索多芬的时候，输入最多的关键词都与年龄有关。例如，多芬适合30岁的人使用吗？多芬的适用人群是多少岁等。不仅如此，通过竞品分析，公司发现多芬与年龄贡献的比例要远远高于竞品。

洞察客户的需求后，多芬发起了"hold住25岁"的营销活动，明确定位消费者的年龄层次，因为需求预测做得准确，多芬的营销活动非常成功。

需求预测是一项烦琐复杂的工作，其流程主要包括三步：第一步，从数据开始——在历史需求数据的基础上，用统计模型导出需求预测的初稿（这是需求预测的定量分析部分）；第二步，由判断而结束——市场、销售、产品、品牌、高层管理、最终客户提供反馈，对需求预测做出调整（这是需求预测的定性分析部分）；第三步，结合历史需求，最终达成共识，驱动从营销到供应商的整条供应链。

在上一节，我们讲了需求预测始于数据，对于多数企业来说，无论需求怎样变化，总是以重复业务为主，因此，需求历史中蕴含着丰富的信息。知往鉴今，历史需求可以为企业预测未来提供参考，但是历史需求毕竟代表着过去，企业要预测的是未知的事情，因此企业要对未知的信息做出判断。那么该怎么判断呢？

首先，企业要清楚谁来做判断，判断主要来自销售，还包括市场、产品管理、高层管理及其他接近需求。很显然，销售主导的判断与企业主导的判断，格局是不一样的。在预测产品需求时，企业考虑的是所有客户、所有地区，但销售考虑的面就窄得多，销售经理考虑的是自己所负责的片区的客户，而一线销售则考虑的是具体的客户。

因此企业做判断，一定要把需求预测细化到适当的层面，针对特定的产品，找到合适的人群来做判断。如果判断主要集中在华南地区，就细化到华南地区；如果判断集中在某个部门，就细化到部门。

例如，企业对特定产品A进行需求预测，假定未来10周的预测是每周1000个，通过查看历史数据发现，有一个大客户的总需求占到了30%，那么，每周1000个产品预测中，企业要为这个客户准备出300个。

当然，这只是企业的预测，因为企业不是一线的销售，没有与这个客户直接联系过，不清楚客户的具体情况，所以，为了预测准确，企业有必要向与这个客户对接的一线销售了解该客户的具体情况。

企业要告诉一线销售给客户的预测是300个，并询问一线销售，这个预测能否满足客户的需求，可能一线销售会告诉企业，下个月这个客户要进入销售旺季，需求会拔高5%，那么，企业就需要每周15个增量，也就是企业的总预测要从每周的1000个变成1015个，这就是"由判断结束"。

对于由企业自己主导的判断，如新产品导入，老产品下市，以及促销等活动，判断层面就相应较高。假设在华北销售区域，要针对某种产品，进行需求预测，那么，企业就要找到负责华北的销售管理、产品管理、市场管理人员，他们是合适的判断者。

宝洁公司在推出含有"欧勒斯"成分品客薯片时，曾做过这样的测试：公司先提供2000罐免费赠品给参观华盛顿首府的人，还在整个华盛顿特区的杂货店进行广泛的口味测试。

在一些报告开始指出"欧勒斯"对有肠胃疾病的人可能具有危

险性之后，宝洁公司便扩大它的研究，并针对约3000名民众进行测试，结果显示只有一小部分人有肠胃不适现象，这让宝洁公司觉得对于一个花了25年时间以及2亿美元研发出来的产品来说，只能算是小成本。

进行需求判断，要抓住两个要点：一是细化到合适的层面，二是找到重要客户。否则，需求预测"由判断结束"的闭环就无法形成。

例如，企业因盲目生产，造成库存问题严重，此时企业就需要进行需求预测，那么，真正的判断来自哪里呢？是大区销售经理，还是一线销售呢？真正的判断来自销售—客户层面，如果企业让大区销售经理来做判断，需求预测的准确性就会大打折扣。

另外，一款产品往往会有多个客户，需求都分散在这些客户中，可每个客户所占比重又很微小，需求起伏对企业的影响微乎其微，这个时候就不要依靠一线销售去做判断，而是企业的相关职能部门，按照需求历史，找出重要的客户，因为这些重要的客户对企业的影响最大，他们产能的扩大或者萎缩，将直接影响企业的发展，然后结合对整体业务发展的判断，就能做出准确的判断。

做出判断后，下一步就要与供应和财务计划协同，因为需求预测需要供应链的执行能力和财务资源来支持，如需要增加多少产能，增加多少员工，准备多少库存等，如果需求预测超出了供应链能力，或者公司的财务承担不起，就必须调整需求预测。

｜需求预测究竟要如何做｜

需求预测是对未来市场需求的预估，通过预测客户对产品的需求，企业可以提前购买原料，做好生产活动的安排，以应对客户需求的变化。进行需求预测的方法有两大类：定性预测和定量预测。

（一）定性预测

定性预测是指预测者依靠熟悉业务知识、具有丰富经验和综合分析能力的人员与专家，根据已掌握的历史资料和直观材料，运用个人的经验和分析判断能力，对事物的未来发展做出性质和程度上的判断，再通过一定形式综合各方面的意见，作为预测未来的主要依据。

定性预测受主观判断的影响，更容易出现偏差，通常用于缺少历史数据的产品或者定量预测的补充，常见的方法有专家意见法、历史类推法、德尔菲法。

专家意见法是指借助专业人士的意见获得预测结果的方法。通常是由销售人员、市场分析员、营销委员会、执行管理层和其他具有专业知识的人组成的团队，根据过去的预测和实际销售差异进行分析和判断，得出预测结果，主要用于调整定量预测的结果。

历史类推法是指以主观判断为基础的预测方法。通过过去发生过的类似事件来预测未来趋势，比如新品上市前，企业可以根据以往类似产品的销售情况来预测需求趋势。

德尔菲法，也称专家调查法，其本质上是一种反馈匿名函询法。大致流程是在对所要预测的问题征得专家的意见之后，进行整理、归纳、统计，再匿名反馈给各专家，再次征求意见，再集中，再反馈，直至得到一致的意见。德尔菲法虽然较为可靠，但需要花费大量的时间和精力，因此只用于企业战略层的预测。

（二）定量预测

定量预测是根据已掌握的比较完备的历史统计数据，运用一定的数学方法进行科学的加工整理，借以揭示有关变量之间的规律性联系，用于预测未来发展变化情况的一类预测方法。定量预测可分为两类：时序预测法和因果分析法。

1.时序预测法

时序预测法是以一个指标本身的历史数据的变化趋势，去寻找市场的演变规律，作为预测的依据，主要用于企业内部数据来做预测，包括简单移动平均法、加权移动平均法、指数平滑法等。

简单移动平均法是指用于计算过去一段时期的平均需求的方法，比如，计算过去6个月的平均需求，其结果就可以作为下个月的需求预测。

例如，企业要预测6月的销售预测，就可以使用3、4、5月的销售平均值，计算公式：

$$3 \ Month \ Simple \ Moving \ Average=(M3+M4+M5)/3$$

加权移动平均法，是指对观察值分别给予不同的权数，按不同权数求得移动平均值，并以最后的移动平均值为基础，确定预测值的方法。权重比例通常由专家判断、反复实验后得出，这种预测结果相对更加准确。

具体运算方法是：同样是计算3个月的移动平均数，通过加权的方式，给第3个月加权1，第4个月加权2，第5个月加权3，最后除以权重总和6，即可得出第6个月的销售预测。计算公式：

3 Month Weighted moving average=（1×M3+2×M4+3×M5）/6

指数平滑法实际上是一种特殊的加权移动平均法，以上一周期的预测和上一周期的实际销售额作为基础，引入权重因子，即平滑常数来计算下一周期的预测数据。平滑常数用希腊字母 α 表示，取0到1之间的数字，或以百分比来表示。计算公式：

新周期预测=（α）（上一周期实际需求）+（$1-\alpha$）（上一周期预测）

2.因果分析法

因果分析法是指利用事物发展变化的因果关系来进行预测的方法，通常用于确定外部因素和需求之间的关联，包括回归分析法、领先和滞后指数等多种方法。

回归分析法是指利用数据统计原理，对大量统计数据进行数学处理，并确定因变量与某些自变量的相关关系，建立一个相关性较好的回归方程，并加以外推，用于预测今后的因变量的变化的分析方法。如果只涉及两个变量，叫作一元回归分析，如果涉及两个以上的变量，则叫作多元回归分析。

领先指数是指在变化时间上早于预测对象，用于预示未来趋势的指标。该方法可以推测出未来的宏观或微观经济变化，有利于企业提前采取措施，规避风险。

滞后指数是指经济波动发生以后才显示出来的指标，可以对领先指标的预测趋势进行验证。

密切关注领先和滞后指标，企业可以了解经济环境和市场趋势，对未来做出正确的预测，采取措施应对外部变化，从而在市场竞争中占得先机。

企业要做出准确的预测，应将定量分析和定性分析相结合，通过收集、分析历史数据和未来趋势，做出预测判断，并不断追踪预测的准确性，分析出现预测差异的原因，对预测方法进行调整、优化、改进，从而提高预测的准确性。

除了要了解以上需求预测方法外，还需要明确预测步骤，第一步，理解预测目标；第二步，整合整个供应链的需求计划和预测；第三步，识别影响需求预测的主要因素；第四步，选择合适的综合预测水平来预测；第五步，建立预测绩效和误差衡量标准。

| 怎样准确做出需求预测 |

需求预测是一个烦琐又复杂的过程，涉及的流程之多，需要协调的部门之多，需要的历史数据之大，稍有偏差，就有可能导致结果大相径庭。而预测的准确性又会直接影响库存周转率，准时交给率，产品成本等，因此，如何准确做出需求预测，是企业必须考虑的问题。

（一）历史数据的清洁

需求预测始于数据，高质量的历史数据是确保需求预测准确的基础，历史数据往往会受到客观因素的影响，比如促销活动、新产品的推出、国家政策的调整等，这些客观因素在将来或许不会再出现，因此，对历史数据进行清洁是企业必须做的事情。进行数据清洁，企业要考虑以下因素：

（1）数据是否有连接性。不连接的数据会导致猜测模型不能表现出最大的功效。

（2）数据是否出现了反常值。比如，因为受疫情影响，造成汽车的销量出现反常低值。

（3）数据是否保持一致。例如，企业在预测客户未来一定时间的需求时，就要参考该客户过去订货的数据，而不是客户预订的数据，因为两者之间会有偏差。

（4）数据是否有结构性的改变。假设产商A和产商B占据市场多半个江山，但因产商A生产的产品被查出有质量问题被勒令停业整顿，导致产商B的产品销售大增，这就属于结构性改变。

（5）数据是否与商品生命周期有关。商品处于不同的生命周期，也会导致销售数据相差较大，例如老产品退市，新产品导入等。

（6）数据是否具有季节性。例如，每年"五一"和"十一"，商家都会举行大促销活动，销售额明显提升。

对以上问题进行相关处理后，企业就可以开始对数据进行清洁，保持历史数据的真实性。

（二）选择合适的预测颗粒度

企业要进行准确的预测，就需要选择合适的预测颗粒度。预测颗粒度是指预测对象的范围大小，颗粒度越大，预测的准确度越高，反之亦然。

预测颗粒度是个三维概念，包含组织、产品、时间，每个维度又包含多个层次。组织维度可分为全国、总公司、分公司等；产品维度有大类、小类、库存等；时间维度有年度、季度、月度、周度等。三大维度在不同层次形成多种组合，预测的偏差分析是基于不同组合计算的，其意义自然也不同。

1.组织颗粒度

预测的组织范围越大，预测的准确度就越高。例如，预测全国的需求，就比预测北京的准确度要高；预测全公司的需求，就比预测分公司的准确度要高。

2.产品颗粒度

以MRO领域为例，批量小品种多，料号常以十万计，需要管理的库存就非常多，但只有很少库存需要借助市场、销售等的判断，大多数库存可通过需求历史、装机量等数据来计划。总体来说，库存越多，意味着需求预测、库存计划越依赖历史数据，对信息系统的依赖程度也越高。

3.时间颗粒度

预测的时间颗粒度越大，预测的准确度就越高。预测一年的需求，一般会比预测一个月更准确；预测一个月的需求，一般会比预测一周的需求更准确。

总之，不同的行业不同的产品，不同的组织颗粒度和时间颗粒度，都会影响预测结果，这就要求企业找到合适的预测颗粒度，才能得到准确的预测。

（三）选择合适的预测模型

模型会依据历史数据的各种特征模拟出将来的走势，但是该选择哪种预测模型呢？

首先，我们要明确一点，没有一种模型可以做到百分百精确，对历史数据抓取的越多，预测的准确性越高，反之，预测的准确性越低。如果历史数据不规矩性越强，乃至呈现缺失和噪声，预测模型所起的作用就越有限。

其次，不要钟爱某一种预测模型，没有一种预测模型可以屡试不爽，因此，定期对现有的模型进行测验是非常必要的，杂乱模型的预测作用一定好于简略模型，组合模型的预测作用一定好于单一模型吗？这种做法并不百分百正确。在选择模型时，只要是合适的就好。

（四）借助专业工具

借助系统化、科学化的预测模型和协同、智能的预测以及决策流程，可以大幅提高预测的准确性。

某食品厂以生产短保品为主，短保品要在不添加防腐剂的同时，又能保存食品的风味，时间要求非常高。因此，针对短保品的供应链需求预测就显得非常重要，一旦需求预测过多，就会造成过多的临期或者过期产品，产生浪费，增加企业成本。

之前该食品厂的需求预测主要采取的是人力手动汇总大量的 Excel 表格，但这种方式费时费力，还容易出错。现在该食品厂引入需求预测系统后，过去烦琐的工作都由系统化操作来完成，大幅降低了预测数据填报难度，各个部门通过统一的协同流程填报数据，将所有数据导入系统进行运算，系统会根据历史预测的准确度，对各部门提报的预测值给予不同的权重，产生一个协同建议值，食品厂以这个建议值为依据，无论是产品的大类、小类还是 SKU，都能够从产品、销售、生产等不同岗位人员的角度灵活地呈现。

有了这些数据，食品厂可以清楚地知道应该主推什么产品、备多少货，是否需要加大促销，在提升库存周转率的同时也不损失订单满足率，平均周预测准确率从之前的 45% 提升到 86%，同时日库存也下降了 50%。

第六章

供应链第二道防线：
库存计划

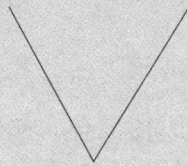

全面理解供应链与库存的关系

供应链优化的主要目标是使运作成本最小化，而要实现这一点，供应链上的企业必须有效地管理好自己的库存。

（一）库存可以让企业陷入危机甚至倒闭

戴尔公司从直销电脑起家，开始涉足的产品较为单一，主要是做一些IBM的产品，后来戴尔强大了，产品线的品种日益丰富，既销售个人计算机产品，又销售各类个人计算机边缘产品。特别是从资本市场筹集到3000万美元之后，戴尔愈加膨胀，向海外市场延伸业务，进入欧洲市场。

迈克尔说："我们并不了解，自己只知道追求成长，对其他的事一无所知"，"成长的机会似乎是无限的，我们也习惯于不断追求成长"，"我们并不知道，每一个新的成长机会，都伴随着不同程度的风险"。

因业务增长太快，戴尔内部产生了大量库存，1993年戴尔公司的现金周转成了问题，公司陷入危机中。

无独有偶，李宁公司也曾面临巨大的库存压力，濒临在破产的边缘。李宁公司创立于1990年，2004年6月在香港成功上市，公司主要生产运动及休闲鞋类、服装、器材和配件产品。

2008年北京奥运会时，中国体育用品行业的发展达到顶峰，李宁、安踏等体育用品公司开足马力生产运动产品，导致各大体育用品商都面临高库存的问题。产业链过长，致使李宁公司对终端消费者的需求把握不足，而产业链终端的需求波动在上游被成倍放大。

李宁公司通过开设新店和压货带来的只是虚假繁荣，高库存及其产生的问题导致李宁公司营业收入及利润大幅下滑，2011年，库存压力达到了顶峰，库存成本高达10亿元，徘徊在破产的边缘。

大量库存积压，严重时可以使企业倒闭，从这一点上来说，库存是万恶之源，一点都不为过。其主要表现在以下几个方面：

（1）库存资源本身就有价值，占用了资金，这些资金原本可以创造出新的价值，特别是高科技公司，企业需要资金回流，进行研发，若产品销售不出去，库存压力大，企业就无法进行新产品的研发，从而阻碍企业的前进步伐。

（2）要维持库存，就必须建仓库、配以相应的设备，这都需要费用，如租金、照明设备、库管人员的佣金等。

（3）产品闲置时间过长，会贬值，造成资源浪费。例如食品厂生产的糕点，时间长了，糕点变质、过期，会给企业造成损失。

（二）合理库存是十分必要的

虽然库存积压很糟糕，但企业不得不承认"库存是一个必要的恶魔"，以制造业为例，合理的库存水平对企业起到积极的作用。

（1）可以缩短产品交付期。客户提交订单，企业可以立马交付，资金就流入企业账户了，为企业的发展提供了资金支持。

（2）可以规避风险，防止短缺与中断。例如，有的供应商突然发生状况，不能提供原材料，导致企业生产大受影响，舍弗勒集团就因唯一在使用的滚针原材料供应商上海界龙金属拉丝有限公司，因环保方面的原因，被责令停产，差点导致49家汽车整车厂的200多款车型停产。

（3）大批量生产，可以降低生产成本，也有助于调节供需之间的季节性差异。对于整个供应链来说，库存不能为零，又不能导致积压，而应该保持在一个合理的范围。

在吃过库存积压的亏之后，20世纪90年代初期，戴尔发现了库存管理的价值和重要性，保持低库存成了戴尔模式的竞争力。

戴尔的库存时间比联想少18天，效率却比联想高90%，当客户把订单传至戴尔信息中心后，控制中心就会把订单分解为数个子任务，并通过互联网和企业间信息网分派给配件制造商。各制造商按电子订单进行配件生产组装，并按控制中心的时间表供货。

戴尔公司的工作就是在成品车间完成组装和系统测试，剩下的事情就交给客户服务中心去处理。戴尔每天都会接到来自世界各地源源不断的订单，生产就会循环不停，周而复始，形成规模化，这也大幅降低了生产成本。

最值得称道的是，戴尔公司的低库存是建立在供应商的库存或者精确配送能力的基础上的。戴尔接到订单后，不是自己生产，而是各制造商进行配件生产组装，这样一来，就把库存压力分散到各供应商，最大限度地降低了自己的库存，戴尔把主要精力放在订单上，并借助以VMI、CRM等信息技术为基础的订单制度，在库存管理方面基本上实现了完全的零库存。

当然，戴尔的物流配送也是非常厉害的，戴尔公司分管物流配送的副总裁迪克·亨特说过这样一句话："我们只保存可供5天生产的存货，而我们的竞争对手则保存30天、45天甚至90天的存货。这就是区别。"

即使保留5天存货，都不是戴尔的极限，亨特说："有人问5天的库存量是否为戴尔的最佳物流配送极限，我的回答：当然不是，我们能把它缩短到2天。"

简单地说，供应链就是在做5件事，计划、采购、制造、交付、退货，而这些都与库存息息相关，因此，库存控制是每个企业都必须解决的问题，在利润率越来越低的背景下，只有提升周转率，才能降低成本，增加利润。例如，富士康、伟创力的利润虽然很薄，但是可以转起来，一样能成为世界500强企业。

| 安全库存是最好的"意外保险" |

2003年SARS疫情期间，宝洁的市场需求量经历了巨大的波动。4月，随着SARS的肆虐，人们开始疯狂地抢购杀菌类清洁用品，市场需求急剧增加，而从4月到5月，因消费者囤积了大量杀菌清洁用品，市场需求量开始回落。从5月到6月，因疫情得到了有效控制，人们的恐慌情绪也得到了缓解，市场需求量迅速回落。6~9月，因气温升高，以及受到SARS对清洁习惯的影响，人们对抗菌类个人清洁产品又开始回升。

由此可见，在2003年4~9月，市场需求量经历了急剧增长、开始回落、迅速回落、增加波动几个阶段，这给保洁公司带来了巨大的压力，但保洁公司却顶住了压力，应对自如，它是如何做到的呢？

早在2002年11月，SARS刚在广东地区发作，保洁就开始关注市场需求的变化，公司内部人员紧急讨论这次疫情是否会影响人们的清洁习惯，是否需要增加杀菌类清洁用品的促销力度等。

4月，宝洁在SARS大规模暴发之前，就和一些大型分销商开始了舒肤佳的促销活动，并为生产线的调整做出规划。一方面，保洁要求各大分销商必须保证"不能断货"；另一方面，根据保洁在分销商那里的安全库存标准来生产产品。

尽管如此，保洁还适当调高了一些城市的安全库存线，以适应正在上升的需求。在个别地区，对舒肤佳的需求已经超过了该城市在经销商的安全库存线。宝洁在加大舒肤佳产量的同时，将疫情较轻地区的产品调配到了北京等重点地区。

对于宝洁来说，4月是意义非凡的一个月，宝洁舒肤佳的产量创了纪录，不仅没有断过货，而且在各城市的库存目标也完全符合总部要求。

如果保洁没有安全库存，就不会取得这么傲人的成绩，虽然现在很多企业都把降低库存，追求零库存作为目标，但安全库存有时才是最好的"意外保险"。

安全库存又称保险库存，是指当不确定因素（订货期间需求增长、到货延期等）已导致更高的预期需求，或导致完成周期更长时的缓冲存货。其大小取决于供应和需求的不确定性、顾客服务水平（或订货满足率)，以及缺货成本和库存持有成本。

（一）安全库存就是周转库存的保险

周转库存是企业为完成商品流转计划，保证市场正常供应，根据商品销售任务、商品流通环节和速度应保持一定数量的周转需要的商品库存。简单来说，就是周期内企业需要用到的库存。例如，服装加工厂会提前准备一定量的布料，用于生产，周转库存是必须存在的。

由于周转库存是必要的，并且因商品流通其有时效性，因此很难做到需要多少，就马上提供多少，为了避免这种情况发生，企业通常都会设置安全库存。所谓的安全库存就相当于周转库存的保险，没有意外的时候，安全库存就是浪费，有意外的时候，安全库存就起到关键作用，就像我们买保险一样，不一定能用到，但关键时刻能帮助我们渡过难关。

相比周转库存，安全库存并不是必须要有的，其大小取决于企业的资金实力，对市场需求的预估能力，以及对缺货带来的客户评价降低的承受能力。

如果企业资金实力不够雄厚，就难以设置合理的安全库存，当市场需求突然发生变化时，企业就无法应对，造成企业抵抗风险的能力较弱，也就是说，企业要有充足的资金才能支持安全库存的建立。

当然，安全库存也并不是越多越好，就像我们买保险，保险买多了也是浪费，安全库存的设置一定要符合市场规律，不然安全库存就会成为企业的累赘，变成负债，其体量大小的设置需要建立在市场需求预估基础上。

（二）1.5倍安全库存

可口可乐公司给终端客户送货，有一个特点，不是终端要多少就给多少，而是"强买强卖"，就是告诉终端应该进多少货，这就是可口可乐的标准作业流程——1.5倍安全库存。

1.5倍安全库存是经过很多公司的销售实践总结出来的安全存货原则，具体数据是建立在上期客户的销量基础上本期建议客户订单的依据。决定进货量的因素有四个：一是送货周期，二是送货周期的正常销量，三是销量波动概率，四是陈货数量。1.5倍安全库存的计算如下：

上周期的实际销量 = 上期存货 + 上期进货量 – 本期存货量

客户的安全库存量应该 ≥ 客户在上一个拜访周期内的实际销量

（为确保不断货不积压，一般以安全库存量的等于一个拜访周期客户实际销量的1.5倍为准）；

客户的进货量 = 安全库存数 – 现有库存量

即：合理进货量 = ［（上期库存量 + 上期进货量）– 本期库存量］×

1.5 倍 – 本期库存量

例如，一家小超市先是购买了12箱啤酒，不久后又进了3箱啤酒，一周后发现这家小超市的存货是12箱，那么，小超市应该进货多少呢？

我们通过计算得知，小超市的实际销售量为12+3-12=3，可见库存数12远远大于它一周的销量，因此，在下周之前小超市不用进货，不可能出现断货的现象。

1.5倍安全库存法，可以让企业有规律地为客户送货，提高送货效率，大大节省了送货费用，对客户来说，不用占压资金，不会出现缺货，导致客户满意度下降。由于1.5倍安全库存法是建立在提高客户销量和利益基础之上，因而能赢得客户信任，容易被客户采纳。

｜怎样确定企业的合理库存｜

合理库存是指商业企业保持与正常经营相适应的，具有先进性和可行性的商品库存量。企业库存不能过大或过小，库存过大，会占压资金，不利于改善经营管理；库存过小，品种不全，数量不足，容易脱销。因此，企业一定要确定一个合理库存。

（一）影响合理库存的三个因素

合理库存原则的中心是"合理"，合理是指要使商品库存的数量，既能保证销售业务的需要，又能避免商品积压，保持商品周转的连续性，这就要求企业在进货时要充分考虑库存结构的合理性、商品周转的速度，以及把握好进货数量。

1.库存结构

商品库存结构是指商品库存总额中，各类商品所占的比重。它反映的是库存商品结构状态和库存商品质量。库存商品结构状态，是通过计算商品库存中各类商品占总额的比重，反映商品种类是否齐全，分析判断有无脱销或积压品种，库存总量各商品的规格、品种是否合理等。

一般来说，畅销商品库存应占总库存的70%，平销商品库存占总库存的20%，滞销商品库存占总库存的10%，最理想的状态是畅销商品不缺货，滞销商品及时清理。

库存结构不合理，主要表现在两个方面：一是库存结构过大，占用资金多，增加成本；新商品上市或原商品降价，产生积压；影响供应商合作关系和新品开发，从而给日常工作造成负担。二是库存结构过小，商品不够丰富，不利于规模化经营销售；缺货会影响正常销售，产生缺货成本，并影响企业信誉；因缺货导致发货次数增加，会增加进货成本。

总之，只有商品库存结构合理，企业才能保证所供应的商品适应市场需要，使商品正常流通。

2.商品周转率

商品周转率是指商品从入库到售出所经过的时间和效率。它反映终端的存货周转速度与销货能力，是衡量企业经营效率的综合指标。衡量商品周转水平的最主要指标是周转次数和周转天数。计算公式：

商品周转率=销售额/平均库存×100%

平均库存=（期初库存+期末库存）/2

例如，一家眼镜连锁企业，2020年的销售额是800万元，年初盘点时库存总值（以零售价格计算）为420万元，年底盘点的库存总值降到了380万元，那么，平均库存为（420+380）/2=400（万元）。

商品周转率=800/400×100%=200%

商品周转天数表示库存商品周转一次所需要的天数，

计算公式：

$$商品周转天数 = 日均库存量 / 日均销售量$$

例如，一家超市月销售额为15万元，日均销售为：15万元/30=5000元，日均库存为3000元，其周转天数为：5000/3000=1.67天。

据有关资料显示，沃尔玛的商品周转次数是每年7次，即商品周转天数为52天；而小米的商品周转天数达到了45天；西班牙快时尚服饰品牌ZARA，鼎盛时期商品周转天数仅为15天；优衣库则是83.72天；森马的商品周转天数曾高达398天（2017年）。从某种程度上说，商品周转率成了企业的生命线。

由于不同行业不同商品的周转率不同，因此，我们无法说将商品周转率控制在怎样的水平才是合理的，不过有一点是明确的：加快商品周转率，直接关系到企业资金使用效率的提高，同时减少库存，相应的管理费用也会降低，商品更新速度加快之后，对消费者更有吸引力。

3.进货量

货物进多了会造成积压，进少了会导致缺货，到底进多少为宜呢？在上一节我们讲过1.5倍安全库存的概念及计算方法，这里不再赘述。

（二）衡量库存健康度的指标

库存是否维持在一个健康的水平，企业可以通过库销比和动销率来衡量。

1.库销比

库销比是指库存量与销售额的比率，是检测库存量是否合理的指标，如月库销比，年平均库销比等，计算方法为：

月库销比=月平均库存量/月销售额

年平均库销比=年平均库存量/年销售额

计算单位可以是产品数量，也可以是金额。

例如，某鞋厂3月的库存是1000双，而3月的销售数量为500双，则3月的库销比为：1000/500=2（即反映同等销售速度下可以卖2个月）。

也可以用金额来计算，例如某超市，4月日均库存金额为30万元，4月的总销售额为15万元，就可以得出库销比=30/15=2。

库销比反映的是企业用多少个单位的库存来实现1个单位的销售，反映了资金利用效率。比率高说明库存量过大，销售不畅，比率过低则说明生产跟不上，越是畅销的商品，需要设置的库销比越小，就能更好地加快商品的周转效率；越是滞销的商品，需要设置的库销比就越大。

2.动销率

动销率是指店铺有销售的商品品种数与本店经营商品总品种数的比率。它能很好地反映库存结构的变化，因此经常与库存周转率、呆滞率共同衡量库存健康水平。为了便于与销售动销率区分，我们可以称其为"库存动销率"。计算公式：

库存动销率 = 动销 SKU/ 实际 SKU × 100%

库存动销率的高低，直接影响库存周转，一般来说，动销率越高，周转率越快，但并非绝对。此外，库存动销率与呆滞率有一定的相关性，库存动销率低，呆滞率高，库存动销率高，则呆滞率低。

值得一提的是，生意量增加，库存也会相应增加，但库存的增速必须低于业务增速，否则，企业就很难获得规模效益。

| 如何有效降低库存风险 |

库存是仓库中实际储存的货物，可分为两类：一类是生产库存，是为了保证企业所消耗的物资能够不间断地供应而储存的；另一类是流通库存，是指生产企业的原材料或成品库存，生产主管部门的库存和各级物资主管部门的库存，这是最让企业头疼的问题，降低企业库存风险就要从这里入手。

（一）企业库存过量的原因

导致企业库存过量的原因，主要包括两个方面，一方面是企业自身算计不周造成的浪费；另一方面是企业外在因素导致的库存过量。

1.企业自身原因导致的库存过量

企业因自身原因导致的库存过量主要表现在以下几个方面：

（1）销售预测不准确。企业制订生产计划时，往往要参考销售部门的销售预测，销售预测准确与否，将直接影响库存的结果。销售部门关心的往往是有没有产品可卖，至于库存他们并不关心，这就导致销售部门高估自身的销售能力，从而做出错误预测，导致企业生产过剩，库存积压严重。

（2）缺乏库存管理的观念。有些企业缺乏科学的研判，常常是领导拍脑门做决定。例如，有的企业担心原材料会涨价，当原材料价格低时，大量买进，当原材料紧缺时，赶紧囤积等，不进行需求预测，不采取有效的库存管理措施，不对产品和零部件进行ABC分类，不对质保期短的产品实施FIFO，都会增加库存风险。

（3）产品升级。库存并非单指成品库存，也包括原料库存、半成品库存以及分销商库存等。有些产品更新换代快，如电子产品，这就意味着产品因设计变更、产品升级等，会在原材料、半成品、成品等环节产生库存。

（4）忽视库存成本。例如，一家企业要购买零部件，年度需求量是2000个，如果一次性购买2000个，单价会低一些，如果分几次购买，单价会高一些，那么，该选择哪种方案呢？该企业选择一次性大量购买，他们认为即使用不了，也可以作为资产。殊不知，库存有可能在以后根本用不到，库存在管理上也是需要产生费用的，结果是低价购入的产品却使运营成本增加，得不偿失。

2.外在因素导致的库存过量

例如，供货商交货周期长，企业只能多准备一些库存来保证持续生产；因供应商可选择性较少，优势明显，就会制造门槛，要求一次进货必须达到多少数量才会发货等。除了供货商以外，客户也可能会制造麻烦，比如突然取消订单，因客户违约造成库存风险。

以上是导致库存风险的内外两部分因素，企业要给予高度重视，避免库存积压，以降低库存风险。

（二）降低企业库存风险

如何降低库存风险，使库存经常处于合理水平，是每个企业都关心的问题，具体措施如下：

1.做好需求预测

企业应收集历史数据，对市场进行宏观或者微观分析，对未来一段时间内产品的需求和技术标准进行评估，制订生产计划，确定采购库存品数量。值得一提的是，需求预测并不是某个部门的职责，从销售预测、销售需求，到生产、组装，再到采购，都需要进行严格的流程管理和控制，而且公司上到领导，下到普通员工，都必须认真贯彻执行。

2.压缩材料库存时间

不同的材料库存管理的方法不同，对于价值不高、用量大且占用空间大的材料，适合采用压缩供应链时间的方法来管理。对于这类材料不宜采用传统的库存方法，因为小批量、高频率、多变的生产方式对材料供应的要求更高，如果供应时间长，就需要工厂备有较大的安全库存，只有通过压缩时间的办法，才能保证材料的及时供应，且不会增加库存成本。

3.不同产品采用不同的采购方式

高价值的产品，按需下单购买即可，避免造成大量的库存，增加企业负担；中等价值的产品，可备有一定的安全库存，选择最小批量订货；低价值的产品可采用EOQ的订货方式。

4.与供应商建立长期合作关系并压缩供应商交货时间

供应商不稳定，就很难确保企业持续发展，一旦供应链断裂，就有可能使企业面临停产的危险，因此，企业应与供应商建立长期的合作关系，并始终坚持质量优先。

此外，要尽力压缩供应商的交货时间，供应商交货周期过长，企业为降低风险，势必增加库存，其风险性就会增加。现在很多大型企业都将供应商建立在本土，甚至建设供应商园区。

2017年6月，通用公司对外宣布要新建一座供应商园区，为旗下阿灵顿装配厂提供支持。通用公司将供应商园区建在工厂附近，使得公司大幅降低运输成本和库存，保障优质的业务沟通并持续改进其业务活动。

5.实施精益库存管理

推动供应商协助实施VMI、JIT、MilkRun等，以实际需求拉动供应，采取实时送货、实时生产的原则，尽一切可能减少库存，通过PFEP向采购和销售环节延伸，对每个物料都建立跟踪体系，来识别和减少浪费，从而有效降低库存数量，甚至实现零库存。

6.引入第三方物流

中国著名家电企业海尔集团从1999年年初开始进行物流改革，将物流重组定位在增强企业的竞争优势的战略高度上来，希望通过物流重组有力地推动海尔的发展。其中利用第三方物流进行内部配送就是点睛之笔。

自建物流和仓库的成本较高，引入第三方物流服务商或者第三方供应链管理公司，将非专业、非核心业务外包，可以有效降低仓库、物流风险以及运营管理费用。

降低企业库存风险的方法有很多，但没有任何一种方法是放之四海而皆准的，企业要结合自身情况，寻找到最适合自己的方法。

海尔电器的"闭环形"库存模式

如何降低库存，是每个企业都迫切需要思考和解决的问题，库存关乎企业的利润，甚至生死存亡，海尔电器独创的"闭环形"库存模式，实现了原材料和成本的零库存。

海尔集团成立于1984年，产品从单一的冰箱发展到拥有白色家电、黑色家电、米色家电在内的近百个门类1.5万余个规格的产品群，并出口到世界100多个国家和地区，海尔已经成为世界品牌。

海尔涉及的产品门类多，规格多，就给供应、制造、销售、售后服务等整个产业链条带来了巨大的压力，如何将其理顺，保证企业平滑运转，是巨大的挑战。海尔集团把全面推进企业信息化建设作为抓住机遇、迎接挑战的有效途径。要全面推进企业信息化建设，首先要创新管理模式，变革核心业务流程，通过管理模式创新和业务流程变革，做到信息流程同步化。

传统的企业生产业务流程，首先由销售部门根据历史数据或者市场情况做预测，制订销售计划，生产部门根据销售部门制订的销售计划制订生产计划，然后根据生产计划来制订采购计划，最后向供应商订购原材料，组织生产，将产品配送到顾客手中。具体流程如图6-1所示。

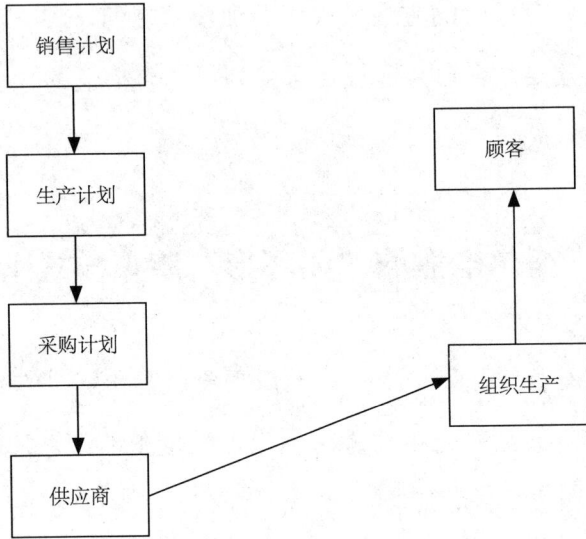

图 6-1　传统的企业生产业务流程

从以上流程图，我们可以看出整个供应链比较长，从销售部门制订销售计划到顾客拿到产品，时间跨度较大，这种模式根本无法适应市场竞争的需求，企业之间的竞争已经从直接的市场竞争转向客户的竞争，快速获取客户订单，满足客户需求，缩短销售周期，降低销售成本，已经成为业务流程发展的必然趋势，因此，海尔集团必须变革业务流程。

海尔集团经过变革，实现了流程同步，销售部门通过销售系统获得客户订单信息，订单信息同时会传递给采购系统、生产系统和配送系统，在同一时间对信息进行处理，减少了部门之间的沟通环节，大大节省了时间，缩短了订单的执行周期，提高了效率。海尔集团核心业务流程包括管理流程、业务流程、支持流程。

管理流程主要包括战略计划、业务报告、内部审计、流程及IT管理五大方面。战略计划流程是为集团领导制定决策提供服务的；业务报告流程是从各个运作层采集相关的KPI指标，用于决策的数据分析；内部审计流程监控并确保集团良性运转；流程及IT管理流程进行统一管理，是为优化集团流程以及IT的发展策略服务的。

业务流程是指在具体业务活动中需要执行的流程，主要包括CRM、SRM、PLM、SPL等。全球客户资源都被整合到CRM流程中；PLM是基于市场需求，整合全球供应链资源参与前端设计，推动供应链系统运作，反过来又引导市场需求；SPL包括为用户提供产品的整条供应链的销售、制造、物流、财务等所有业务计划，将客户关系网络及全球供应资源网络联结起来，实现供需协同化。

支持流程是支持业务流程更好地为用户提供服务而建立的流程，包括TPM、TQM、TBM、HR、EC等内容。在互联网时代，顾客的需求更加挑剔，也更多样化、个性化，这就给大规模生产带来了一定的困难。过去企业按照生产计划制造产品，进行大批量生产，而且那时的客户不那么挑剔，不愁商品卖不出去。

但现在不同，客户需要的是定制化生产。那么，如何进行大批量的定制呢？海尔集团ERP系统每天自动地生成向生产线配送物料的清单，借助现代物流技术的支持，实现定时、订单、定人、定点和定量的配送，从而实现了从大批量生产到大批量定制的转化，满足了客户个性化的需求。

借助ERP系统，海尔集团的生产线可以实现不同型号产品的混流生产，海尔不仅有B2C定制生产线，使生产模式更加灵活，还开发了EOS商务系统、PTM产品跟踪管理系统、TM自动测试系统、DM磁盘管理系统和 JIT 三定配送系统等辅助系统。这些先进的生产系统不仅让海尔实现了单台产品的用户定制，还能同时生产上万种不同配置的批量定制产品。

海尔集团把通过全球营销网络获得的订单形成统一的"信息流"，以"订单信息流"实行以销定产，实现原材料和成品的零库存。在信息化管理中，同步工程最为重要。销售订单一经在网上发布，所有参与这笔订单的部门就会在同一时间收到信息，立即准备。无须召开会议进行协调，每个部门都干好自己分内的事情即可：设计部门按照订单要求进行设计，采购部门制订采购计划进行采购，物流部门做好运输工作的调配等。

海尔集团全面信息化建设是通过以订单为纽带的管理模式创新和业务流程再造，以先进的信息化技术为手段，以订单信息流为中心，带动物流和资金流的运动，实现了从过去的"精益产品导向"到"对客户的敏捷反应导向"的转变，这也导致了海尔的供应链管理从静态转向动态，通过集纳全球营销网络的订单，形成统一的"订单信息流"，对采购、生产、库存等形成一条内部的闭环形链条。

海尔集团的"闭环形"库存模式的最大作用是控制了库存，最终形成"零库存"。例如，在物流方面，海尔通过 JIT 采购、送料、分拨最大限度地降低生产经营过程中的库存水平，实现了物流零库存；在运营方面，最大限度地缩短从订货、制造再到把货送到用户手中的时间，在此期限内，海尔就可以拿到货款，这相当于无须动用企业的流动资金，实现了零运营成本，它使市场变成一个系统，从获得订单、产品制造到将货物配送给用户，再到现金流，形成良性循环。

第七章

供应链第三道防线：
供应链执行

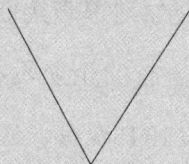

强力执行可弥补供应链不足

假如需求预测与库存计划都"失守"了，只能依靠需求执行来弥补，这就是供应链的第三道防线。一般来说，规模能做大的企业执行能力都不会差，但执行力不差并不等于执行力强，因为有些企业是以高昂的运营成本为代价的，主要表现在三个方面：信息化程度低，员工工作辛苦烦琐，压力大，却没有效率，经常出错；供应商的选择与管理不到位，无法有效驱动供应商做出快速响应，供应链各个环节割裂，无法形成一个整体；催货流程不清晰，资源重复浪费，增加企业总成本。

如果需求预测与库存计划做得不好，执行又较弱，就会让供应链的绩效问题更加复杂，处理起来更加困难。因此，企业必须通过强力执行来弥补供应链的不足。那么，如何提高企业的执行能力呢？

首先，提高信息化水平。有的企业没有ERP系统，或者有ERP系统，但关键的物料需求计划MRP没有，还是依靠手工，致使大量的人力资源花费在执行上，而不是把更多的资源投入需求预测和库存计划，计划做不好，执行就难以落实。

其次，协调供应链。需求预测是供应链的原始驱动力，而供应链上的绝大多数活动都由供应商来完成，如果企业无法将需求预测做准确，并可靠地传递给供应商，就会导致供应链不协调。

宝洁公司发现它的一款主要产品婴儿纸尿布的生产量的计划波动很大，从而导致它向供应商订购的原材料的数量有相当大的波动，但是沿供应链向下研究零售店的销售量时，却发现波动很小，也就是说，市场上对纸尿布的需求比较稳定，但供应链上游接收的订单却波动很大，且越往上越大，这给制造商和原材料供应商满足订货要求带来了很大困难，增加了库存成本。

不仅是宝洁公司，惠普公司在打印机供应链中也发现了同样的问题，在沿着从零售商到批发商、从批发商到惠普的打印机制造部门，直至其集成电路采购部门的整条供应链中，订单的波动不断放大，这导致惠普按时履行订单合同的难度大幅提高，并使成本有所增加。

宝洁公司和普惠公司是如何解决这一难题的呢？方法之一就是企业要准确地做出需求预测，并将其分享给供应商。那么如何分享呢？可以借助SRM供应商协同系统，这样就可以实现供应商之间步调一致，提高供应链的执行能力。

众所周知，"天天低价"是沃尔玛的策略，而沃尔玛的供应链又那么长，它是如何保持稳定的利润的呢？高效的物流运行体系是沃尔玛核心竞争力的重要体现，将领先的信息通信技术创新性地应用到物流运行中，不断地提高物流运行效率，降低物流成本。也就是说，持续推进的物流电子化过程是沃尔玛保持长久竞争力的秘密武器。

（一）与供应商共享物流信息

沃尔玛使用电子数据交换系统后，对采购的产品制定统一代码，商品的运送和销售都要扫描代码，供应商就能清楚地了解商品的销售与供应情况，从历史的数据中对未来行情做出预测，并制订相应的生产计划，降低了成本，提高了效率。

（二）利用人造卫星监控物流活动

沃尔玛是世界上第一个发射物流通信卫星的企业，专门用于全球店铺的信息传送与运输车辆的定位及联络。

（三）建立数据中心

沃尔玛建立的数据中心，给它的供应商带来了实实在在的好处，了解商品的销售情况，并根据销售情况对未来的生存进行预测，制定生产策略；观察销售趋势，获得存货情况和详细的订购信息；最大限度地了解客户需求并及时满足客户需求。

（四）RFID技术的引用

早在20世纪80年代，沃尔玛就率先在全球范围内大力推动条形码技术（Barcode）的应、应用，推动了物流与供应链管理的发展。进入21世纪后，沃尔玛推行了另一项新技术，即RFID射频识别技术，通过无线射频方式进行非接触双向数据通信，利用无线射频方式对记录媒体（电子标签或射频卡）进行读写，从而达到识别目标和数据交换的目的。

（五）宝洁-沃尔玛协同商务模式

20世纪80年代，在宝洁与沃尔玛合作之前，美国的制造商和零售商分享的信息很少，双方总是围绕着商品价格和货架位置争夺控制权。宝洁与沃尔玛，一个是全球最大的日用品制造企业，一个是全球最大的商业零售企业，两者长期关系不和，对谁都没有好处。

在双方的共同努力下，它们建立了一套"宝洁－沃尔玛协同商务模式"来解决纷争。最初共同开发了一套"持续补货系统"，在该系统的支持下，宝洁通过计算机就可以监控其产品在沃尔玛各分店的销售及存货情况，并据此来调整生产和补货计划。该系统不仅提升了宝洁和沃尔玛的客户服务水平，也降低了双方库存的成本。

这一持续补货系统就是"供应商管理库存"的雏形。在此基础上，宝洁与沃尔玛又共同开启了CPFR协同式供应链库存管理的流程，这是一项协同式的供应链库存管理技术，它在降低销售商的存货量的同时也增加了供应商的销售额。

CPFR流程的实施，让沃尔玛与宝洁都大受裨益，沃尔玛销售宝洁产品的利润增长了48%、存货接近于"零"，而宝洁在沃尔玛的销售收入和利润也增长了50%以上。

由此可见，企业要提高供应链的执行能力，归根结底要依靠科技的进步。利用信息化技术，提升供应链资产的利用率以及供应链流动的协同性，才能实现供应链的高效运行。

｜供应链执行系统的组成｜

供应链执行是供应链的第三道防线。计划要落地，必须有一个强有力的执行职能，一方面执行可以弥补计划先天的不足，另一方面需求和库存计划的决策需要高效低成本的执行落实到位。

运用供应链执行系统可以提高管理水平，加快周转速度，降低库存，提高客户反应速度，以及提升客户满意度等。该系统主要包括以下四个模块。

（一）LES物流执行系统

物流执行系统（简称LES），是以物料拉动为核心，统筹考虑物料在不同仓储单元的交互，实现物料从入库、库内管理、出库、拉动、转移到最终装配的物流管理系统。

海尔的发展经历了三个发展战略阶段，分别是品牌战略、多元化战略、国际化战略。在第三阶段，其战略创新的核心是从海尔的国际化到国际化的海尔，建立全球供应链网络，支撑这个网络体系的是海尔的现代物流体系。

海尔物流执行系统HLES是青岛海尔物流咨询有限公司依据先进的物流管理理念、融入海尔物流实践和优化的业务流程，汲取先进仓储管理系统的经验，利用计算机及网络技术开发的物流执行软件。

HLES具有实施周期短、售后维护简单的特点，不仅管理物流仓储的各个业务模式，更实现了对物流终端操作人员状态的系统考核。该软件既可以单独使用，也可以与其他ERP系统实现数据交换；既能够管理单一仓库，也能满足管理多个仓库的需要；既可以连接条码数据采集器，也可以独立运行，适合仓储配送中心，第三方物流企业，制造、服务、流通等企业的物流仓储部门。

HLES主要解决的问题包括：库存成本过高，不能有效满足生产，无法实现物料JIT配送，影响制造效率；员工工作量无法准确量化考核；收发货缓慢，物料搬运路线不优化，仓储空间和设备利用率低；错发、多发、漏发，账物不符，基本仓储需求得不到有效满足；仓库管理混乱，仓储总成本居高不下，限制企业长期发展等。

（二）MES生产制造执行系统

MES是美国管理界20世纪90年代提出的新概念，它是一套面向制造企业车间执行层的生产信息化管理系统，提供实现从订单下达到完成产品的生产活动优化所需的信息；运用及时准确的数据，指导、启动、响应并记录车间生产活动，能够对生产条件的变化做出迅速响应，并通过双向的信息交互形式，在企业与供应链之间提供生产活动的关键基础信息，为企业打造一个扎实、全面、可行的制造协同管理平台。

MES为一系列管理功能，而并非一套软件系统，它是各种生产管理功能软件的集合，其主要功能包括工序详细调度、资源分配和状态管理、过程管理、人力资源管理、质量管理、性能分析和数据采集等。

众所周知，汽车零部件、零配件的组装是汽车制造的关键环节，而汽车零部件变革是以精益为终极目标的，汽车零部件MES系统用于汽车行业，不仅提高了产品质量、降低了生产成本，同时减轻了现场工作人员的劳动强度，实现了制造、物流、质量的精益化管理。

（三）TMS运输管理系统

TMS是基于运输作业流程的管理系统，帮助企业从订单计划到自动结算过程中，简化运输业务、降低成本，提高企业对整个流程的掌控力度，实现运输环节全透明化。

TMS适用于运输公司、各企业下面的运输队等，它主要包括订单管理、调度分配、配载作业、行车管理、GPS车辆定位系统、人员管理、车辆管理、数据报表、基本信息维护、系统管理等模块。该系统对驾驶员、车辆、线路等进行全面详细的统计考核，有助于提高运作效率，降低运输成本。

目前，在大中型物流、快速公司，因自身业务高度个性化，以及出于数据安全考虑，都会自主研发软件，如德邦KOSS、百世春雷系统、阿修罗TCMS、京东物流赤兔TMS、菜鸟运配宝TMS等，一些小公司承担不起研发的费用，从降低成本的角度考虑，会选择快货运、唯智、oTMS、科箭TMS等SaaS系统。

（四）SRM供应商协同系统

SRM系统是一种致力于企业实现与其上游供应商建立和维持长久、紧密伙伴关系的管理思想和软件技术的解决方案，旨在通过完善的信息化系统控制优化双方之间的信息流、物流、资金流，提供便捷、高效的协同平台，降低企业的采购成本。SRM系统主要包含询报价协同、订单协同、库存协同、交货协同、信息协同等功能。

2020年，受新冠肺炎疫情的影响，企业更加认识到供应链的重要性，供应商是供应链的重要组成部分，因疫情原因，企业与供应商不能面对面接触，借助SRM系统，向供应商传递采购和需求信息就格外重要。

SRM系统可提高与供应商发布信息的效率，之前发布一个订单和供应商确认至少需要两三天，现在几个小时就可以完成；提高了内部信息沟通效率；增加了信息透明度，降低了供应链成本，供应商通过系统就可以了解库存情况，掌控发货节奏和发货量，不仅降低了库存量，还大幅减少了运输成本。

数字化提高供应链执行效率

荷兰皇家菲仕兰康柏尼公司是全球最大的乳制品企业之一，旗下有1.2万名牧场主，作为供应链条商的起始环节，这些牧场主正在改变祖辈传统的生产方式：为农场中的奶牛定制身份数码项圈，随时观察每头奶牛的健康及饮食和运动情况，并将相关数据汇总到管理系统中；自动挤奶系统观察记录牛奶的品质，为检测提供依据。

在供应链的另一端，顾客只要用手机扫描一下奶粉罐底部的二维码，就会立刻获得关于这罐奶粉生产管控流程的全部信息，包括源头牧场的位置，当地空气和土壤的质量，运输流程，牛奶采集、生产、检测、出厂及入关的准确日期等。

荷兰皇家菲仕兰康柏尼公司推出的这套产品信息溯源系统，是该公司推动供应链数字化变革的一项重要内容——通过数字技术，提升供应链的透明度和可靠性，满足顾客对产品质量可控性的需求。

在经济快速发展与技术快速革新的今天，企业供应链运作面临着客户需求多变、购买意愿趋向于产品服务定价和企业及时响应供货能力的综合考量的巨大挑战。在企业成本不断被压缩的情况下，供应链已经成为企业竞争的重中之重。

传统供应链是通过营销、计划、采购、制造、仓储、物流等一系列环节，将产品或服务交付到客户手中，是一种线性结构，供应链中的每个环节都处于割裂状态，信息不通畅，导致供应链运作效率低下。

随着信息通信技术、互联网技术、大数据云计算、新型仓储物流等供应链高新技术的快速发展，为传统供应链改造升级提供了新的契机。普华永道国际会计师事务所供应链管理专家斯蒂芬·施劳夫，将全球供应链进一步向数字化转型的过程称为供应链的4.0阶段，其广阔发展前景的背后，是工业4.0技术的强大支持。数字化供应链与智能制造、智能服务以及数字化商业模式共同构成了工业4.0的核心内容。

根据美国数字化供应链研究院的《供应链白皮书》一文，数字供应链是一个以客户为中心的平台模型，它可以获取并最大限度地利用来源不同的实时数据，进行需求的刺激、匹配、感知和管理，以提升业绩并降低风险。

数字化供应链打破了以往供应链各个环节的壁垒，将供应链的整体设计、智能采购、智能仓储、智能零配件管理、可视物流、自动投递等环节形成了完整的、网络状的有机生态系统，主要由四个关键要素组成：

（一）建立集成的跨企业支持系统

供应链的业务目标是将正确的产品或服务在正确的时间交付给正确的客户，并通过自动化技术提高效率，降低成本。要实现这一目标，只有在供应链完成集成的情况下才能将供应商、物料、仓储和客户联结在一起，并通过一个控制中心进行指挥调度。通过供应链的横向集成，将实现供应链中的各个模块的互联互通，能够对引发供应链信号的信息实现全域及时响应，从而做到充分响应客户多变的需求。

（二）数字化采购

麦肯锡认为，数字化采购是指"供应商和商业用户通过大数据高级分析、流程自动化和全新协作模型，提升采购职能效率，大幅降低成本，从而实现更快捷、更透明的可持续采购"。数字化采购使得企业与供应商的关系更加紧密，采购效率更加高效，同时它也有助于企业优化采购流程、提高采购风险防控意识并促进协作。

（三）数字化仓储

数字化仓储以存在于现实中的物理仓库为平台，以网络为桥梁，以物联网、大数据为核心技术，通过可编程无线扫码对仓库到货检验、入库、出库、调拨、移库移位、库存盘点等各个作业环节的数据进行自动化数据采集，保证企业及时准确地掌握库存的真实数据，高效地跟踪与管理客户订单、采购订单以及仓库等信息，有效解决了目前仓储中管理混乱、库存积压等问题。

（四）智能物流

智能物流是指利用条形码、射频识别技术、传感器、全球定位系统等先进的物联网技术通过信息处理和网络通信技术平台广泛应用于物流业运输、配送、包装、装卸、仓储等基本活动环节，实现货物运输过程的自动化运作和高效率优化管理，提高物流行业的服务水平，降低成本。

在整个供应链体系中，智能物流将物流系统与供应链系统结合提供了技术支撑，能够高效实现物流的信息化、数字化、智能化、自动化、协同化，也促进了物流系统与供应链系统其他模块的深化融合，促进整个供应链的服务能力的提升。

实现供应链数字化升级，可助力企业提高经营效率，创造更多有效价值。主要体现在以下三个方面：

一是简化交易模式，改善用户体验。例如，京东利用线上互联网零售B2C的思维经营线下，在全国范围内推广无人超市。

二是主动感知需求，提升运作效能。例如，国美提出"回归零售本质"，改革供应链管理模式，运用大数据精准洞察用户需求，向上游家电厂商进行"反向定制"。

三是建立透明图景，识别出关键的供应路径。例如，荷兰皇家菲仕兰康柏尼公司建立的信息溯源系统，通过信息化技术，对奶牛养殖、生产过程控制、产品运输配送、销售记录等进行实时监控和查询，让食品安全链条变得可视化，加强对食品安全的监管，提高了企业的信誉。

总之，随着大数据、物联网、云计算等信息技术的出现，数字化赋予供应链即时、可视、可感知、可调节的能力，把线下的、物理的供应链要素线上化、数据化，作为企业运营的重要一环，供应链的数字化转型已是大势所趋。

美菜网：WTO 提效降成本实例

美菜网成立于2014年，是一家互联网生鲜电商平台，主要服务对象是中小型餐企、大型商超、连锁餐企，与服务"散户"不同，这些企业的计划性更强，这就给美菜网供应链的建设和物流系统提出了更高的要求。

美菜网以全价值链多元数据为基础，为合作伙伴量身打造了一站式管理和决策大数据平台。通过对数据的抽取、加工、分析，就能轻松了解商品价格走向、各品类商品阶段性数据分析，解决信息不对称问题，不仅帮助客户提高了效率，还大幅降低了成本。

在这些无缝的物流流转背后，是美菜网"WTO"的供应链信息系统"三驾马车"在高速运转，这"三驾马车"是指 OMS、WMS、TMS。

（一）OMS

OMS 是指订单管理系统，它充当的是"店小二"的角色，为交易双方提供物流外包服务，通过统一订单提供用户整合的一站式供应链服务，其功能主要包括订单接收归类、订单拆分与合并、订单预分拣、任务分配、物流成本结算、异常监控管理及订单可视化等。

该系统是美菜物流IT系统的核心模块，为美菜网的统一管理和决策分析提供支持。通过对订单的管理和分配，将仓储管理与运输管理实现有机结合，确保物流管理的各个环节充分发挥作用，使仓储、运输、订单成为一个有机整体，满足物流系统信息化的需求。

（二）WMS

WMS是指仓库管理系统，通过入库、出库、仓库调拨、库存调拨等功能，综合商品管理、质检管理、批次管理、库存盘点、供应商管理等管理系统，有效控制、跟踪、预警仓库业务的物流和成本管理全过程，实现企业仓储信息化管理。

该系统可监控仓库管理，指导仓储员工工作，反馈员工工作情况，自动生成各种报表，帮助管理者了解仓库的运营情况，有助于改善仓库的管理，使仓库作业流程更加规范。

（三）TMS

TMS是指运输管理系统，包含两个版本（网页端＋手机端）和四大模块（订单、车辆、财务和公司模块），主要用于各种运输公司的管理工作，包括订单管理、调度分配、行车管理、GPS车辆定位系统、人员管理、车辆管理、数据报表、基本信息维护等模块，能够对车辆、驾驶员、线路等进行统计考核，提高运作效率，降低运输成本，帮助客户在管理上实现可视化、规范化，管理流程化繁为简，让管理更轻松，并在同行竞争中胜出。

在物流供应链中，OMS、WMS和TMS各司其职，又相互影响，协同合作。OMS作为物流链前端严格管控订单数据；WMS对仓储物流进行全流程信息化监测管理，保证出库速度，提高效率，从而缩短了后端TMS物流运输的时间；TMS系统则利用大数据合理规划配送路线，并通过车辆GPS定位系统，实现冷链物流科学管理，大幅降低了成本。"三驾马车"高效协同，有效降低了物流成本，促使美菜网与合作伙伴实现了双赢。

首先，满足客户精准匹配需求。美菜网通过了解餐企、大型商超、连锁餐饮企业等客户的日常采购习惯，以及对它们下单数据的分析，通过算法模型实时为客户提供个性化采购清单，从而满足不同客户对产品的需求。同时，生产商也可以借助大数据了解客户，有针对性地对客户制定食材，提高服务品质，进行差异化服务。供应商也可以借助大数据平台，了解商品的销售、复购情况，以及库存数量，从而提前做好应对，降低供应商的库存成本。另外，美菜网可以通过对履约客户的反馈，让合作伙伴及时了解存在的问题，促进大家进一步提高服务质量。

其次，为客户提高效率，降低成本。美菜网将供应链数据与合作伙伴进行共享，进一步洞察客户需求，对产品价格趋势进行预测，帮助农户和供应商做好生产和采购计划，分析客户的采购成本数据，优化进销存管理，降低库存成本。美菜网渠道的进一步拓展，让它拥有更大、更广阔的市场空间，赢得了更多客户的合作，进一步促进了美菜网的发展。

最后，为客户提供一站式服务。美菜网大数据服务平台解决了B2B领域碎片化通路信息流的现状，使产业链条中每个流程都实现了数字化。区块链技术确保农产品安全可追溯；利用AI技术识别记录菜品，提高效率；利用IoT技术控制仓库温度、湿度，确保食品安全。

不仅如此，美菜网的物流优势满足了合作伙伴在全国铺货的需求，通过对数据的抽取、加工、分析，便能轻松了解价格走向、各品类商品阶段性数据分析，为美菜网的合作伙伴，提供一站式管理和决策服务，实现合作共赢，共同成长。

由此可见，美菜网的大数据服务不仅能为合作伙伴提供行业数据服务、数据监测，还能依托大数据进行人工辅助智能决策。例如，预测商品的价格走势，检测毛利异常，实现智能化、精准化经营管理，提高需求预测的准确性，帮助合作伙伴做出更科学的决策。

第八章

供应链第四道防线：
协调高效率

|牛鞭效应：躲不开的供应链失调|

"牛鞭效应"现象最先是由宝洁公司发现的，宝洁公司在研究"尿不湿"的市场需求时发现，该产品的零售数量很稳定，波动性不大。但在考察分销中心向它订货的情况时，却发现波动性很大，分销中心称他们是根据汇总销售商订货的需求量订货的。

宝洁公司进一步研究后发现，零售商会根据对历史销量及现实销售情况的预测，确定一个较为客观的订货量，不过为了确保订货量是及时可得的，以适应客户需求增长的变化，常会把预测的订货量增大一些，然后向批发商订货，批发商出于同样的考虑，也会在汇总零售商订货量的基础上再增加一些向销售中心订货。通过层层"加码"之后，虽然终端客户的需求量并没有发生大的波动，但经过零售商和批发商的订货后，订货量就一级级地被放大了。

"牛鞭效应"是供应链上的一种需求变异放大（方差放大）现象，美国著名的供应链管理专家HauL.Lee将其称为"需求变异加速放大原理"，是指信息流从最终客户端向原始供应商端传递时，无法有效地实现信息共享，使信息扭曲而逐级放大，导致需求信息出现越来越大的波动。

"牛鞭效应"在经济活动中非常常见，1985年个人电脑记忆晶片的价格低廉且货源充足，销售却下滑18%，美国的从业者亏损25%~60%，但在1986年后期，突然发生的短缺却因恐慌与超量订购而进一步加剧，使晶片的价格上涨了100%~300%。类似的暴起暴落还发生在1973年到1975年的半导体产业。订单大量增加，造成缺货与交货时间迟延之后，需求量却随之暴跌。

（一）"牛鞭效应"带来的危害

"牛鞭效应"会影响经济活动，其危害主要表现在以下几个方面：

（1）由于供应链上游企业收到的客户需求信息与实际需求相差非常大，会导致企业生产进入无序状态，企业无法按照市场的真正需求量组织生产。

（2）当消费者对某一产品的需求量出现较大变动时，因供应链信息是沿着层级性传递的，上游的供应商很难在短时间内做出调整，库存无法及时变化，以适应市场需求，从而造成流动资金利用效率低下。

（3）上游企业的计划与管理主要依赖于下游企业提供的需求信息，但供应链上的企业往往各自为政，都从自身利益出发，缺乏供应链层面的考虑，从而导致供应链上所有企业都会受到不良影响，同时也使供应链节点企业之间无法产生信任，企业之间的合作只局限于短期行为，不利于供应链的稳定发展。

（二）"牛鞭效应"产生的原因

"牛鞭效应"是市场营销上的一种高风险现象，产生的原因是多方面的，具体表现如下：

1.需求预测修正

供应链上的每一个企业在各自供应链的预测放大或者缩小的过程中，也多次放大或者缩小了真实的量，导致需求波动。这是"牛鞭效应"产生的主要原因。

例如，A制造商预测某产品的市场需求是8万件，但A可能向供应商B下9万件产品的零件订单，而供应商B可能向它的供应商C订购10万件产品的原材料。以此类推，供应链上各个企业的库存就被逐级放大。

另外，当某种产品的需求大于供给，并且这种情况会持续一段时间时，厂家给供应商的订单可能大于实际需求，希望供应商能多分配一些产品给它，但同时也传递了虚假需求信息，导致供应商错误地解读市场需求，过量生产。当市场供需趋于平衡时，有些订单会消失或者取消，导致供应商库存大增。

2.批量生产、订购

为了达到生产、运输上的规模效应，制造商往往会批量生产或购货，以积压一定库存为代价换取较高的生产效率和较低成本。例如，我们常见的凑整车、整柜发货，在物流中非常常见，这会导致实际偏离需求、当市场表现良好时，这个影响可以接受；当市场表现不好或者产品升级换代时，往往就会付出巨大的代价，导致库存积压、库存品过期。

3.提前期

需求的变动会随提前期的增长而增大，并且提前期越长，需求变动引起的订货量就越大，企业由于对交货的准确时间缺乏预测，导致持有较长的提前期，因此提前期的拉长也会造成"牛鞭效应"。

例如，厂家为促销会推出各种促销措施，买方为了享受到优惠，便大量买进，从而导致部分产品积压，或者因原材料短时间内价格下降，企业囤积大量原材料，以备不时之需。研究表明，价格浮动和促销只能把未来的需求提前，整个供应链从中获利却很难。

4.库存失衡

当经销商资金周转不畅时，他们会利用这些存货与其他供应商易货，或不顾供应商的价格规定，低价销售，以加速资金回笼；当经销商掌握大量库存时，也可以作为与供应商进行博弈的筹码，所以，经销商常通过加大订货量来掌握主动权，这也会导致"牛鞭效应"。

（三）"牛鞭效应"消除方法

了解了"牛鞭效应"产生的原因，消除"牛鞭效应"就可以有的放矢了。具体措施如下：

1.缩短提前期

通常来说，订货提前期越短，订量越准确，因此，缩短订货期是消除"牛鞭效应"的方法之一。企业可以借助现代资讯系统，及时获得销售和货物流动情况，同时通过多频度、小数量、联合送货方式，实现实需型订货，提高需求预测的准确性。

2.合理预期

当商品出现短缺时，供应商可通过互联网查询下游企业之前的销售情况，以此作为配货的依据，这种做法能有效杜绝下游企业企图通过夸大订货量而获得较多配给的心理。

3.供应链企业间信息共享

企业之间要建立战略合作伙伴关系，认识到彼此是利益共享、风险共担的，供应链成员之间要实现信息的实时共享，减少信息的不对称性，准确把握下游企业的实际需求，同时这也有利于掌握上游企业的实际供应能力，从而降低产生"牛鞭效应"的机会。

4.采用联合库存管理策略

在供应商管理库存的环境下，销售商的大库存不会增加资金周转压力，还会起到融资作用，提高资本收益率，甚至起到制约供应商的作用，实质上，它加剧了订货需求放大，增大了供应商的风险。

联合库存管理是使供应商与销售商权利责任平衡的一种风险分担的库存管理模式，它在供应商与销售商之间建立起合理的库存成本、运输成本与竞争性库存损失的分担机制，将供应商全责转化为各销售商的部分责任，使双方利益共享，风险共担，有效抑制"牛鞭效应"的产生和加剧。

除了以上方法，企业还要与时俱进，运用先进的信息技术来有效消除"牛鞭效应"，如采用互联网、EDI等技术，实现信息的及时传递与共享，有效消除由价格补货、环境变异和短缺博弈等；采用SCM系统中的联合预测、协同计划、JIT等技术，消除预测不准和批量订货等；运用APS、第三方物流3PL和第四方物流4PL技术，通过计划的优化与准确性或业务外包来缩短采购的提前期；运用供应链协同、EDI、VIM等技术，减少库存失衡和企业间实现库存共享与转运调拨。

供应链协调中的障碍因素

在全球经济一体化的时代背景下，供应链管理已成为保持企业核心竞争力的重要途径，如何避免供应链失调，是供应链管理的一项重要内容。当供应链出现失调时，我们称供应链内存在供应链协调的障碍，供应链协调的障碍是指导致供应链内部各阶段只注重自身利益的最优化或供应链内部的信息扭曲与变异程度加剧的任何因素。

供应链协调的障碍可以划分为5类，分别是信息处理障碍、定价障碍、运营障碍、行为障碍和激励障碍。

（一）信息处理障碍

信息处理障碍是指信息处理不当产生的障碍，使得需求信息在供应链各个节点之间移动时发生扭曲，导致供应链内订货量的变异程度加大。此类障碍分为两种，即基于订单而非基于客户需求的预测方法和信息资源未能共享，从而导致需求信息失真或者严重扭曲，"牛鞭效应"就是信息处理障碍导致的结果。

供应链上的各个企业可以通过信息共享来实现供应链的协调，建立供应链信息系统，共享销售信息、库存信息、预测和规划数据，以及单企业控制的补给策略。单企业控制的补给策略是指设计一条供应链，由其中的一个企业来控制整条供应链的补给决策，以此来弱化"牛鞭效应"。

（二）定价障碍

定价障碍是指某一产品的定价策略会导致订单规模变动性增加的情况。此类障碍包括两种情形：一是超前采购行为，二是基于订货批量的数量折扣。

批量折扣策略扩大了供应链内订单的批量规模，同时也放大了供应链内的牛鞭效应。超前采购行为一般是指在折扣期间批发商和零售商通过大量采购来满足未来的需求，之后很长时间订货量都会很小，这会导致高峰期制造商的送货量要远大于该期的零售商的销售量，高峰期过后制造商的送货量锐减，也就是说，分销商的超前采购行为导致制造商送货量呈现变动性，并且变动幅度要明显大于零售商或者批发商销量的变动幅度。

解决定价障碍这一问题，制造商要设计合理的定价策略，同时鼓励批发商、零售商小批量订购，并减少超前购买。具体措施包括两个方面：一是稳定价格，制作商可通过取消促销，实施每日最低限价的定价策略，如沃尔玛的"天天低价"策略，也可以通过限制促销期间的可能购买量来减少购买量。二是数量折扣由批量折扣转为总量折扣，从而降低供应链订单的变动性，缓解"牛鞭效应"。

（三）运营障碍

运营障碍是指在发送和履行订单过程中所采取的会导致信息变异程度增大的行为。此类障碍主要有三种形式，分别是采用大批量订货方式、设置过长的补货提前期、分配及短缺博弈。

当企业的订货批量远大于需求所要求的订货批量，供应链中的订货量的变异程度会被放大，供应链内各企业的补给供货期延长，以及定量配给和短缺之间的博弈，都会加剧"牛鞭效应"。

运营障碍的消除方法主要从以下三方面入手：

首先，供应链管理者可以采取多种管理手段来缩短补货提前期，如构建供应链管理中IT支撑体系，开发FMS或采用模块化制造技术，延迟技术的应用，以及交叉配送方式的运用。

其次，供应链管理者可通过在供应链中减小订货批量的方法来抑制"牛鞭效应"，如建立CAO系统，运用含有循环模块的运输网络，以减少订货批量；鼓励不同客户按照需求时间分布密度一致性的方式进行订货等。

最后，供应链管理者可基于销售历史记录进行分配，限制投机，实现信息共享。

（四）行为障碍

行为障碍是指企业行为方面的一些问题，通常与供应链结构中不同企业间的交流等方式有关，如解决不好，也会形成"牛鞭效应"。例如，供应链上的企业从局部看问题，而忽视了整体；供应链上的企业根据自己局部性的分析，对波动的原因互相指责与推诿，影响合作关系，也导致了彼此之间缺乏信任；因每个企业都是在"管中窥豹"，因为无法追本溯源等。

供应链上的企业之间各自为政和缺乏合作是导致供应链失调的根本原因。因此，企业只有构建供应链战略伙伴关系，新产品新技术共同开发，数据信息共享，市场机会共享和风险共担，才能从根本上减弱或消除导致供应链失调的因素，提高供应链的协调性。

（五）激励障碍

激励障碍是指为供应链中不同企业提供的一些会增加不确定性和减

少整条供应链利润的激励行为。这类情形主要包括以下两类。

一是供应链企业或者功能部门的自身最优化，他们只关注自身行为的影响的激励，而导致整条供应链利润没有达到最大化。

二是对销售人员采取的激励机制不恰当，也会导致供应链失调。例如，制造商会通过分销售的销售量来评估业绩，而不是以零售商出售给终端客户的销售量作为标准，这就增加了订单类型的不确定性。

要避免以上两类情况的发生，企业不能只片面追求产量的最大化，保证供应链协调运行才是最重要的，要追求整体利益的最优化和长期的效益。另外，要建立合适的奖励体制，让职能部门的目标与公司的整体目标一致，销售人员的绩效应根据零售商的卖出量进行评估。这样才能既激发员工的工作热情，提高工作效率，又增加企业产品的产量与效益。

| 供应链运作的协调管理 |

供应链协调是指两个或两个以上的企业为了实现某种战略目标，通过公司协议或联合组织等方式而结成的一种网络式联合体，协调是供应链稳定运行的基础，关于供应链协调问题，主要存在四种表现形式，即供应链中的"需求变异放大"现象、"曲棍球棒"现象、双重边际效应、"物料齐套比率差"现象。

其中供应链中的需求变异放大现象指的是"牛鞭效应"，前文中已经做了详细介绍，在此不再赘述。

（一）曲棍球棒现象

在某一个固定的周期(月、季或年)，前期销量很低，到期末销量会有一个突发性的增长，而且在连续的周期中，这种现象会周而复始，其需求曲线的形状类似于曲棍球棒，因此被形象地称为"曲棍球棒"现象。例如，双"十一""618"等，需求被刻意地安排在11月11日、6月18日被释放，巨大的需求冲击整个电商供应链。

出现曲棍球棒现象的原因主要有两个：

一是公司对销售人员的周期性考评及激励政策，例如，有的公司采取月考核制度，到了月末，销售员会想办法完成销售目标；

二是实施ERP之后，财务按月汇报财务成果，需要每月关账一次，导致销售人员在关账前着急处理销售业务。例如，企业对销售员的费用发票是按销售额来进行的，销售员为了本月多报销费用，就会让客户提前进货，若为了下月多报销，就会让客户推迟订单，这就加剧了曲棍球棒效应。

曲棍球棒现象会给公司的运营带来很大影响，主要表现为销售人员挖空心思压货多拿奖金，导致公司销售不增，奖金支出却增加；订单提前或者滞后的问题屡屡发生，会导致公司库存费用比需求均衡时高出很多，同时也增加了加班与物流费用，以及工作人员的差错率；因虚假销量，会影响公司对客户需求做出错误判断，制定较高的销售指标。

企业可以通过科学地制定浮动薪酬条例，并为发放奖金制定约束条件；设立团队奖金，如团队没有完成计划，团队中每个成员的奖金都要扣除一定的比例；根据每期经销商的实际销量提供折扣方案，对不同的经销商采用不同的统计和考核周期等方法，来缓解曲棍球棒现象的发生。

（二）双重边际效应

双重边际效应是美国经济学家斯宾格勒在早期对产业组织行为的研究中发现的，是供应链上、下游企业为了谋求各自收益最大化，在独立决策过程中确定的产品价格高于其生产边际成本的现象。企业个体利益最大化的目标与整体利益最大化的目标不一致，是导致"双重边际效应"的根本原因。

2002年，苏宁电器进军杭州手机市场时，遭到当地经销商的围攻，导致部分机型无法按期上市。苏宁与当地经销商发生冲突的根本原因在于"双重边际化"问题。苏宁为了实现自身规模、市场份额的扩张，通过抛大额订单的方式压低采购价格，上游厂家的"水分"几乎被榨干，这导致供应链上实力较小的家电零售商的生存受到威胁，他们被迫诉诸上游，并以各种方式抗议经销商的行为，引发了渠道冲突。

实现供应链的协调是解决双重边际效应的关键，供应链的协调要以实现双赢或多赢为目标，采取的措施主要有两种：回购契约与融资租赁。

回购契约是指供应商对零售商未卖掉的产品以小于批发价的价格进行回购，常用于时令性商品。通过结合数量折扣契约和回购契约，可以有效解决需求信息不对称情况下供应链的协同问题，将批发价契约与回购契约相结合，既可以鼓励零售商增加订购，降低缺货风险，又能增加销售利润，并利用回购契约分担了风险。值得注意的是，一定要制定好回购契约的规则，以免经销商钻了空子，引发危机。

融资租赁是指实质上转移与资产所有权有关的全部或绝大部分风险和报酬的租赁。资产的所有权最终可以转移，也可以不转移，主要应用于大型设备、市政工程、通用机械等领域。

（三）物料齐套比率差现象

因供应商之间未共享某些关键信息，易出现一个供应商的零件到达了制造商处，而另一个供应商的零件因某种原因延迟了，这会给制造商的装配工作带来麻烦，甚至会延迟订单交付。这就是"物料齐套比率差"现象，它是因为分布式物料配送模式而导致不同物料间的比例关系被打破，从而出现停工待料现象。

基于分布式的供应商供应模式存在的问题主要有供应商投资巨大、后期管理成本高、供应商各自为政致使严重缺料现象发生、导致供应方和需求方之间关系紧张。

要解决物料齐套比率差现象，可建立基于集配中心的运作模式，集配中心的工作包括负责制造装配厂商所需原材料等物料集中统一采购运输并中转入库，把小批量的转运聚集成具有大批量的整合运输，将集中采购入库的原材料、零部件等根据制造装配厂商的需求计划进行拣选、组装并准时配送到生产线的各个工位。

｜如何提高供应链的协调效率｜

亚马逊、苹果、西门子、戴尔、沃尔玛等企业的成功得益于供应链的打造，而有些企业的失败也源于供应链出了问题。2001年，思科公司注销22亿美元库存。

如今企业之间的竞争已经演变成了供应链的较量。随着生产力的提高，制造型企业要想降低成本，其中很重要的一个方法就是通过供应链管理来达到降低成本的目的，而这取决于供应链合作伙伴是否和谐，只有和谐而协调的系统才能发挥最佳效能。供应链整合及协同方面的三种运营模式分别是VMI、JMI以及CPFR模式。

（一）VMI供应商库存管理

VMI供应商库存管理，是一种在供应链环境下的库存运作模式；也是通过供应商共享客户的库存数据，并维持客户所需要的库存水平的一种优化供应链的方法。VMI是以实际或预测的消费需求和库存量，作为市场需求预测和库存补货的解决方法，可以更有效地计划、更快速地反映市场变化和消费需求。

VMI模式改变了原有的各自相对独立的预测模式，减少了不确定性和商流、物流、信息流的浪费，从而使供应链总成本降低。目前，很多企业都采用VMI供应商库存管理，如海尔、联想、美的等。

海尔的供应商提供物料，并将其存储在海尔的物流中心，物料在寄存耗用之前，物料的物权属于供应商，供应商通过海尔的B2B网站，查看库存信息。当生产用料时，在海尔的EPR系统中作寄售释放，然后系统将物权从供应商转到海尔公司，在系统中产生结算凭证，供应商提出支付后给予计算。

海尔采用VMI模式，大幅降低了库存，提高了核心竞争力，降低了采购订单、发票、付款、运输等交易成本，加强了与供应商的合作伙伴关系，提高了供应链持续改进能力等，实现了海尔与供应商的双赢。

　　总之，企业采用VMI模式，减少了数据差错，提高了整体供应链处理速度，避免缺货，使供应链合作伙伴关系得以确立，使供应链上的成员均受益。

（二）JMI联合库存管理

　　JMI联合库存管理是基于协调中心的供应链上游节点企业和下游节点企业间权利、责任、风险共担的库存管理模式，是解决供应链各节点企业的相互独立库存运作模式导致的需求放大现象，消除供应链上的"牛鞭效应"，是提高供应链的同步化程度的有效方法。

　　A公司是一家大型设备制造企业，主要生产举重机械设备和混凝土设备，公司产品品种多，结构复杂，所需零部件和材料种类多，库存物料品种多、库存管理难度大。A公司在库存管理方面主要存在三个问题：

　　一是库存管理多极化。A公司没有统一物料中心和大型立体化仓库，无法统一管理物料的采购、运输、仓储和配送；

　　二是库存持有成本高。A公司各分公司单独管理库存，仓库、货场、设备等没有进行统一规划和管理，利用率低，库存的空间成本高；

　　三是库存质量控制成本高。A公司所需物料种类、规格型号多，供应商数量多，分布范围广，质量标准不一，这就增加了公司产品质量控制的工作量，增加了检测人员及检测设备，导致库存质量控制成本增加。

　　针对以上情况，A公司成立联合库存协调管理中心，负责供应链各节点企业信息的传递。公司总部设立一个总库作为产品和原材料储备中心，由总部统一调配。

联合库存管理下，供应商取消产品库存，将库存直接设置到核心企业的原材料仓库中，分销商不建立自己的库存，并由核心企业从成品库存直接送到客户手中。这样做有两大好处：一方面降低了原材料采购成本，减少了供应商库存保管费用；另一方面分销商可把所有精力放到销售上，促进了公司销售量的增加。

（三）CPFR即协同计划、预测与补给

CPFR即协同计划、预测与补给，是通过共同管理业务过程和共享商业信息来改善供需双方的伙伴关系，提高预测准确度，改进计划和补货的过程和质量，达到提高供应链效率、减少库存和提高消费者满意度的目的。

小吃食品生产业的巨人Nabisco与食品连锁店Wegmans在成功实施了CPFR导航项目后，取得了双赢。通过促销，Wegmans的果仁小吃销售额在其他零售商销售额下降9%的情况下增加了11%，通过战略地共享需求数据及在促销和补货中的紧密协作，Nabisco的供应商销售额增加了40%，Nabisco也大幅增加了其在Wegmans中的份额，此外，Nabisco的仓库补充率从93%增加到97%，库存却下降了18%。

CPFR体现了供应商与零售商之间协调与合作关系的新型模型，其最大的优势是能及时准确地预测由各项促销措施或异常变化带来的销售高峰和波动，使销售商和供应商都能做好准备，赢得主动。

对于制造型企业来说，无论选择哪种供应链运营模式，都应该把握两个原则：一是对于在供应链的各个节点的选择都应遵循强强联合的原则，达到资源外用的目的；二是供应商的数量要少而精，才能使供应链具有灵活快速响应市场的能力。另外，与少数供应商建立战略伙伴关系，可减少采购成本。当然，如果能结合自身情况对供应链管理内容进行创新，供应链协同运作的效率会更高。

| 生鲜电商的供应链协调策略 |

生鲜电商，全称生鲜电子商务，是指通过电子商务手段对水果、蔬菜等生鲜品进行直接的网络交易，如大家熟知的易果网、盒马鲜生、百果园、美菜网等就属于生鲜电商。生鲜产品易损易腐，相比于普通供应链具备更加复杂的环节，因此生鲜电商供应链质量控制难度更大。

生鲜电商供应链的最前端包括生鲜基地、生鲜散点、生鲜代理点等各类生鲜生产商以及供应商，称为生鲜生产环节，主要负责生鲜产品的生产与供应；中端为流通销售环节，包括垂直型电商、物流型电商、综合型电商以及生鲜电商平台，主要负责生鲜产品的销售与配送；终端为消费环节，主要是消费者购买生鲜产品。

由此可见生鲜电商供应链之长、之复杂，而消费者对生鲜产品的质量水平、响应速度、配送服务水平等都有较高的诉求，如何提高生鲜电商供应链的协调水平，就成了摆在企业面前迫切需要解决的难题。

供应链契约协调是目前常用的生鲜电商供应链协调手段，供应链契约协调是指供应链各级企业采取契约协调手段对供应链实现协调，帮助提高供应链系统效率，实现供应链上的企业风险共担，利益共享，从而实现供应链的优化。

供应链契约是激励供应链上的企业协调供应链的重要措施，契约条款对供应链各企业的收益与职责进行明确规定，保证缔约方在约束力下控制供应链上各企业的协调投入，进而让供应链上的企业共享利润，共担风险，促使供应链协调优化。

盒马鲜生隶属于阿里集团，采用"线上电商＋线下门店"的经营模式，盒马＝超市＋餐饮＋物流＋App的复合功能体，其"一店二仓五个中心"是指一个门店，前端为消费区，后端为仓储配送区，五个中心分别是超市中心、餐饮中心、物流中心、体验中心及粉丝运营中心。

盒马鲜生与一般超市不同，它追求将商品极致快速30分钟内且高品质地配送到消费者手中，线下注重消费者的实际体验，生鲜产品更新鲜，更高质，更方便。但是盒马鲜生打出的30分钟内新鲜送达却存在一些问题。

首先，配送时效无法保障。30分钟内送达是理想状态，很多因素都无法保证在30分钟内送达，比如天气异常，配送员中途遇到事故等，都会延迟。

其次，拣货很难做到准确无误。拣错货、漏拣货是常有的事情，如出现问题就要进行二次配送；商品有冷藏品与标品之分，配送过程中不能将二者混装。这些都会影响顾客的体验。

再次，无法满足顾客的配送需求。顾客往往会在上班或者下班的路上下单，希望回到家就能收到货。但实际上，配送会存在延迟或者提前的问题，特别是需要冷藏的生鲜，如果不能准时配送，就会影响新鲜度。

最后，生鲜产品的需求变化很大。例如，节假日的需求量会迅猛增加，盒马鲜生很难做出准确预测，从而导致商品缺货，配送员人手不够等，这会引起顾客的不满，产生退单风险。

以上这些都会导致供应链不协调现象的发生，造成供应链不协调的主要原因是盒马鲜生很难对某个时期人们的消费行为做出准确的预估，同时在价格定制上需要采用多元化定价模式，避免大规模订货导致的库存积压或者库存不足。

要解决供应链不协调的问题，盒马鲜生就要进行供应契约设计，从以下几个方面来建立盒马鲜生和原产地之间的供应契约模型。

1.协商确定价格

契约双方最关心的问题就是价格，通过协商确定合适的价格，会实现双赢。对于生鲜产品在特定季节或者节假日销量大增的情况，盒马鲜生应与原产地制定区间订购价格策略，不同阶段不同时间的价格激励，既能使盒马鲜生与原产地之间形成稳定的合作伙伴关系，又能激发原产地的生产积极性。

2.确定最低购买价值承诺

生鲜产品种类多，盒马鲜生做出最小数量应确定最低购买价值承诺，这会激发原产地的合作意愿，不用担心因为市场变化影响产品的销量，同时这也给盒马鲜生提出了更高的要求，即制定正确的市场决策。

3.保证质量

生鲜产品的质量与速度相比更重要，盒马鲜生与原产地在合作过程中，必须把质量控制放在第一位，质量控制条款在供应契约里应当明确主体责任，制定出免检标准和奖励机制，以此来激励原产地提高产品质量。另外，还应制定淘汰机制，对于多次出现质量问题的供应商要及时更换。

4.确定合适的提前期

生鲜产品在节假日需求会大增，这就要求盒马鲜生与原产地提早决定延长提早期，提前备货，在平时可缩短提前期，避免产地库存积压。

5.协商利润分配

利润分配是盒马鲜生与原产地协商的重点，由于生鲜产品在不同时期销量不同，价格不同，因此在进行利润分配时，要考虑这一因素，有效调节买卖双方的利润比例，保证双方稳定的利润收入。

6.建立信息共享机制

供应链上的企业是同呼吸共命运的，有着共同的利益，各自为政会让供应链上所有企业都深受其害。对生鲜行业来说，充分的信息交流是确保采购良好运行的保障，盒马鲜生应定期与原产地进行信息交流，及时发现问题，共同解决困难，并做出调整。

总之，建立供应链的供应契约是对合作双方都有益处的，但双方要以信任为前提，才能利益共享，风险共担。

第九章

全球一体，
打造跨境供应链

全球化对供应链网络的影响

众所周知，现今的世界早已经成为一个整体，没有任何一个人、一个事物或是一个国家是能独立于其他人、其他事物和其他国家之外的，偌大的地球成为一个名副其实的村庄。如果用最简短的一个词来形容这一现象，"全球化"再合适不过了。那么，"全球化"用最专业的术语该如何解释呢？"全球化"是指商品、服务和人员在世界范围内的自由流动。推及本书主要讲的是供应链的问题，全球化则是指企业在国际范围内开展业务的过程。

在全球一体化背景下，供应链也正朝着全球化方向发展。对于一个企业来说，全球化为企业提供了在新市场中接触新客户的机会。当然，在这一过程中，企业可以获得巨大的收益和回报。以中国的民族企业华为为例，早在2005年，华为在供应链领域就陆续规划并启动了全球供应链（GSC）管理、全球化供应网络（GSN）管理、供应商电子协同、供应商关系管理（SRM）、流通加工能力建设、客户电子交易、国家计划统计调转等项目，对全球供应环境下的业务、信息技术和组织、流程等进行了设计和优化，初步实现了海外业务管理的信息化。近年来，华为更是通过持续打造柔性的供应链能力，在供应链方面赢得了快速度、高质量、低成本的竞争优势。

从具体的绩效表现来看，华为的全球供应链与变革之前相比，库存周转率、及时齐套发货率、客户投诉率等都有了明显的改善，尤其是客户投诉率，一度下降到0.5%。为此，华为前后投入了数十亿元人民币，通过虚心学习和苦练，将管理标准化，建立起一套与全球体系、西方规则全面接轨的制度与流程。

从华为的不断成长不难看出，供应链的全球化能给企业带来很大影响，其中，益处大于劣处。一般来说，供应链的全球化能给企业带来如下几方面好处。

第一，供应链全球化能使企业扩大采购机会。毫无疑问，随着全球化的来临，企业采购的原材料不再限于之前的个别地区，劳动力也不再限于本地或周边，全球化会给企业带来来自世界各地的原材料和以前无法到达的廉价劳动力。有了选择的机会，企业便可以择优，择优也就意味着企业的劳动力水平高于以往，原材料的质量也会优于之前，当然，同时成本上也会相应减少。

第二，供应链全球化能使企业吸引更为优质的新客户。全球化给企业带来了更多新客户，同时也简化了企业所有者与供应商和客户之间的沟通。换句话说，企业的客户可以遍及世界各地，不管距离多远，企业都可以轻松地开拓新市场并与客户保持联系。全球化缩短了企业与客户之间的实际距离。

第三，供应链全球化能为企业提供更多选择的商品和服务。以往，企业的客户群单一，可能只生产一种或几种产品，但随着全球化的到来，企业可以为客户提供的产品和服务的范围不断扩大。客户群不断丰富，单一品种匮乏的产品绝不能满足客户的需要。

第四，供应链全球化使一些规模较大的物流企业越来越具有前瞻性。毋庸置疑，领先的全球化物流服务供应商已经从提供全球物流服务，向提供全球供应链服务转化。仅仅具备资产和物流服务能力已经不能满足那些跨国大企业的要求。物流企业要具备供应链管理技术，从提供物流能力，转化到提供知识管理服务的层面，其中涉及供应链战略、供应链网络设计、供应链流程再造和优化，为生产企业提供完整的供应链管理服务。

第五，供应链全球化能提高企业的价值增值能力。供应链管理是企业内部和企业之间所有物流活动和商业活动的集成。随着运输时效、信息技术的开展，运输、仓储等主要物流活动必须施行全球化，尤其是全球采购、全球配送等物流环节。近年来，全球化趋势更加明显，而供应链商业过程，如制造、客服、IT、研发等外包发展迅速，供应链商业流程外包成了趋势，这种趋势增加了企业的价值增值能力。

供应链全球化的趋势表明，物流企业的能力，必须从提供以资产为基础的物流服务，向提供以管理能力为核心的完整的供应链服务转型，只有这样，企业才能在竞争中处于优势地位。

当然，任何事情都有两面性，没有绝对的坏，也没有绝对的好，供应链的全球化在给企业带来巨大好处的同时，也给企业带来了很多负面影响，增加企业风险。

试想，如果企业从采购到生产再到销售只有一条链条，虽然给企业带来的收益有限，但供应链给企业带来的风险也少之又少，企业极容易应对。一旦供应链增多，各种问题便接踵而来。企业会面临包括产品制造、法律制度等多方面问题，尤其是不同国家企业间的关系问题，这些会使企业举步维艰。例如，全球知名企业IBM公司，在大部分发展历程中，在世界许多地区都有自己的业务。但这些业务的管理是否连贯一致、是否集中化等，就完全是另外一回事了。事实上，对于许多把自己的制造和采购业务转移到其他国家的企业来说，这都是问题的症结所在。这些企业本意是为了削减成本，但与此同时，他们又不得不面临着要管理一个跨越全球的复杂供应链的问题。

国际贸易催生跨境供应链新生态

人们对"国际贸易"并不陌生。国际贸易也称世界贸易，是指跨越国境的货品和服务交易，一般由进口贸易和出口贸易组成，因此也可称之为进出口贸易。进出口贸易可以调节国内生产要素的利用率，改善国际间的供求关系，调整经济结构，增加财政收入等。

因为国际贸易是在不同国家或地区间进行的，所以，与国内贸易相比，国际贸易具有以下特点：

特点一，因国际贸易要涉及不同国家或地区，在政策措施、法律体系等方面可能存在差异和冲突，甚至在语言文化、社会习俗等方面也存在差异。所以，其所涉及的问题远比国内贸易复杂得多。

特点二，国际贸易容易受到交易双方所在国家的政治、经济变动、双边关系及国际局势变化等条件的影响。

特点三，国际贸易的交易数量和金额一般较大，运输距离较远，履行时间较长，交易双方需承担的风险要比国内贸易大得多。

特点四，国际贸易除了交易双方外，还需涉及运输、银行、保险、海关、商检等部门的协作和配合，过程比国内贸易要复杂得多。

国际贸易对双方国家有一定的影响，对企业自身更是意义重大，例如，国际贸易能强化企业品质管理，提高企业效益；国际贸易能使企业在产品品质竞争中立于不败之地；国际贸易有利于国际间的经济合作和技术交流；国际贸易有利于企业自我改进能力的提高；国际贸易能有效地避免产品责任，等等。

就跨境供应链而言，国际贸易对其影响重大。前面讲过，供应链即是由物料获取、物料加工，并将成品送到用户手中这一过程所涉及的企业和企业部门组成的一个网络。也就是说，采购、运输、仓储、零售、制造等商业过程已经被纳入了供应链管理的框架体系中。国际贸易无非是把涉及的运输和仓储等主要物流环节和基本业务全球化，采购、外包、供应链流程全球化。供应链的全球化已经影响企业商业活动的方方面面，例如，物流外包已经发展到供应链管理流程的全球化外包，领先的全球化物流服务供应商，已经从提供全球物流服务，向提供全球供应链服务转化，仅仅具备资产和物流服务能力已经不能满足跨国企业的要求。

在国际贸易中，竞争已不是单个企业的单打独斗，而更多的是供应链和供应链之间的竞争。供应链整合了不同的资源，做各种分工安排，把不同的独立厂商整合成一条供应链、一条价值链，以达到最优化配置、节约成本、提高利润。而如今，全球经济危机不断出现，外需锐减，原材料及劳动力成本不断上涨，汇率剧烈波动，对此，有专家认为，企业要想在这种困境中成长，应该利用供应链价值创造新优势，今后的竞争将是供应链的竞争，供应链创新将成为企业发展的新方向。

的确，不创新供应链势必会使企业寸步难行。尤其在新冠疫情期间，上游零件、原材料等工厂停工，一些加工贸易企业被扼住咽喉，终端输出国因封城隔离等原因致居民消费欲望下降，采购商终止或减少采购计划，供应商被束缚手脚，很多外贸企业由于供应链断裂导致倒闭或破产。与此同时，那些供应链中的新生态们，则能安稳度过难熬的疫情期。

很多人对思科公司并不陌生。思科公司是全球领先的网络解决方案供应商，即思科是致力于为无数企业构筑网络间畅通无阻的"桥梁"的网络应用成功实践者之一。

为了提高企业的竞争力，思科公司与物流咨询公司D.W. Morgan合作，以帮助企业在全球范围内建立"由需求驱动"的供应链。思科公司的一位负责人曾表示，在多家合作企业间建立协调一致的流程是这项工作的重点，也是难点。供应链合作伙伴间的有效沟通是非常基础的要求，而那些机智灵活的企业更多的是依靠适应突发状况的能力，而很少依赖传统的预测方式。在环境、安全和出入境控制等问题影响下，如何让运输状况和库存等信息及时传送到相关各方变得比以往任何时候都更加重要。

Adept是一家专业从事工业自动化的高科技生产企业，其所生产的一件普通产品至少包括30万个部件，如此多的部件来自世界各地的制造商，其中的每一个零件对整个制造流程都非常重要，所以，Adept公司必须一天 24 小时并且保证在很短的时间内对客户的备件或服务订单做出反应。这种高水平的客户服务势必会带来高昂的成本，实际上，该公司员工有限，这就造成了一种矛盾：既要削减成本，又要提高服务水平。

最后，Adept 公司选择了思科公司的数据网络。思科公司的系统可以让 Adept 公司在供应链伙伴间进行流程的同步协调，还可以一览所有存货情况。

为 Adept 公司服务的 SOA 系统便是思科公司面对全球化的创新之举。SOA 指的是用动态的、整合的方式处理多个软件体系的系统，思科公司对这一系统进行了优化，即可以随时把一些关键的状态信息和出错提示传送到供应链的各端，让信息在最广泛的范围内得到传播，使这套系统不仅可以在企业内部应用，也可以应用于企业外部。

面对全球经济发展变化，供应链的安全稳定是构建新发展格局的重要基础。目前，很多企业利用 AI 人工智能和大数据等科技手段，实现了供应链全流程的线上化，这些无疑都是创新之举。

天猫联合菜鸟，打造全球 72 小时达

对于阿里巴巴、淘宝和天猫，我们都耳熟能详。天猫和淘宝一样，都属于阿里巴巴旗下产品。

"天猫"，原名"淘宝商城"，是一个综合性购物网站，是淘宝网打

造的B2C（Business-to-Consumer，商业零售），其整合数千家品牌商、生产商，为商家和消费者之间提供一站式解决方案。2018年11月26日，天猫升级为"大天猫"，形成天猫事业部、天猫超市事业部、天猫进出口事业部三大板块。2019年"汇桔网·2019胡润品牌榜"发布，天猫以3200亿元人民币的品牌价值上榜"2019最具价值中国民营品牌十强"，排名第一。2020年1月，2020年全球最具价值500大品牌榜发布，天猫排名第49位。

2020年以来，众多奢侈品品牌通过保税备货、海外仓直邮等模式加速与天猫的合作，寻求中国线上渠道新增长。由此，天猫的跨境供应链也开启了高速发展模式。

对于今天的人们来说，每天接收快递无数，任何一家物流公司都是密切接触者。其中，菜鸟网络便是其一。菜鸟是将传统的快递公司（如韵达、中通、顺丰等）综合在一起形成的一种菜鸟网络。菜鸟网络对生产流通的数据进行整合运作，实现信息的高速流转，为物流公司、仓储企业、电子商务企业、第三方物流服务商、供应链服务商等各类企业提供服务。有人曾认为菜鸟这种运作模式是颠覆传统物流模式的典例。

2020年，天猫联合菜鸟打造"全球72小时达"。据有关报道显示，天猫联合菜鸟打造奢侈品跨境供应链，部署100多个海外直购仓，建设香港、广州、杭州贵品奢侈品保税仓，并使用智能系统预测消费需求、调度物流资源，构建全球直采、直发供应链体系，将全球奢侈品从15到30天送达提速到最快72小时送达。

强强联手势必会带来巨额利润。2020年11月18日，天猫国际公布的数据显示，双"十一"期间，天猫国际进口物流大幅提速，近50%的保税商品实现次日达，80%实现全球72小时达。

其实，这并非天猫的一时之举。此前，天猫国际就与二十大超市打造全球供应链。

2016年7月15日，天猫国际宣布与Costco等全球二十大超市独家战略结盟，除了不断引进食品、生鲜、红酒等更丰富的进口品类之外，还逐渐在阿里体系内完成可支持零售、分销、全渠道、量贩快销、大宗批发的全球供货中心。天猫国际成立的北美、欧洲、亚太、东南亚、澳新等全球六大采购中心，使国内消费者更便捷地购买到丰富多样的全球同价进口商品。

2019年，天猫国际打造海外仓直购新模式，构建全球供应链网，为"小而美"的海外品牌提供一条高效的绿色通道快速进入中国市场。

此外，天猫菜鸟仓也是天猫平台推出的一种新型物流仓储模式。天猫菜鸟仓是天猫商家用来储存商品的一种仓库，这种仓库天猫商家可以自建或者使用第三方，所有要售出的商品都将从菜鸟仓发送出去。

那么，天猫建立的菜鸟仓是如何提高送达速度的呢？举个例子，消费者下单后，卖家为了缩短物流的运输距离，可以安排离消费者最近的城市或地区发货，这样不仅能节省商品到达消费者手中的时间，也能降低物流成本。

自2020年疫情以来，天猫和菜鸟通过新增扩建物流基础设施和智能运营，确保了物流供应链的畅通高效以及成本的可控。

那么，菜鸟是如何做到把送达时间控制在72小时内或者更短的时间内的呢?

　　菜鸟某负责人曾透露,为加快实现"全国24小时,全球72小时必达",菜鸟加速旗下国内和国际物流网,同时向全球骨干网和乡村毛细血管加大投入。众所周知,航空运输是最快速的出口运输方式,菜鸟在已经提供数百架次包机保障出口的基础上,不断增加包机架次,为外贸出口企业扩大增长通道。菜鸟与4PX遍布全球的海外仓也成为全球包裹网络的重要支撑。可以帮助中小商家提前备货,高效送达。为了做到72小时达,仅在美国,4PX就有7个海外仓。菜鸟在全球共有230多个仓库;莫斯科海外仓最快当日就能送到消费者手中;海外超过九成的订单都能如约快速送到消费者手中。同时,菜鸟在海外专门设立了14个进口仓库,以帮助海外品牌更便捷地货通中国。

　　在大宗贸易方面,菜鸟也开通了物流专线,为中小企业提供海运拼柜、落地配等服务。例如,菜鸟提供20千克以内的大包裹空运和配送,平均5~7个工作日可以送达,而以往,这种大宗包裹则需要14天左右才能送达。

　　在城市如此,在农村同样如此,"72小时达"是菜鸟对消费者的最好保证。例如,在我国农村,为提高操作规范和效率,菜鸟对乡村物流的分拨、运输、派送都进行了优化。据菜鸟官方的信息,菜鸟已经在全国21个省、市500多个县实现升级。这张乡村物流网络联合了淘宝、天猫等平台,为乡村农户提供了生鲜农产品的产供销解决方案,助力精准扶贫。

　　此外,菜鸟的供应链网络还通过模式创新,运用技术能力对预售商品进行"社区级下沉"，这些订单配送距离缩短到只有几千米范围，80%都可以当日送达。

当然，"72小时达"并不是天猫或菜鸟追求的终极目标，它们追求的目标是用最快的速度把商品送到消费者手中，"分钟达""小时达""当日达""定时达"是这些企业追逐的梦想。所以，有人认为，新一轮物流提速是在高速路上踩油门，这也标志着像阿里巴巴这样的新零售按下了快进键：构筑全新的城市消费需求响应网络，让消费者的需求随时随地被满足。

相信在不久的将来，随着科技的进步和企业服务的升级，企业在构建成熟的全球供应链网后，"分钟达""小时达""当日达"等将不再是梦想，必然引爆消费新动能，使消费者的消费体验得到更大提升。

| 全球供应链必须做好风险管理 |

供应链全球化是众所周知的经济大势，本章第一节已经提过，全球化供应链为企业带来无限益处，同时也提高了企业经营的风险。例如，对于制造业来说，全球化采购原本是为了降低风险，实际上却增加了供应链断裂的风险。供应商分散化的趋势已经超出了制造业的范畴，对所有行业都会产生影响。以汽车行业为例，现在的汽车企业向很多厂家采购关键部件，这看起来很保险，不会出现因一家生产车灯的厂家停产而使整条汽车生产线陷入停顿的窘境。所以说，在网络化的环境中，多方采购是一把"双刃剑"，一方面可以降低成本，分散风险；另一方面，也将自己置身于一个非常脆弱的易受影响的处境。

那么，全球供应链到底会从哪些方面给企业带来风险呢？

第一，政治方面带来的风险。随着我国经济的快速发展，很多有实力的大企业将业务向海外拓展。这些企业出口商业，输出劳动力或资本等生产要素，需要接受国际经济规则，而进口外国商品、引进外国资本和先进技术等则要遵守国际上的经济规则。正是因为有了这些企业，我国才置身于国际经济格局中发展本国经济，经济发展速度足以让世界震惊。而这些也严重威胁了西方发达国家的经济利益，于是，西方某些国家在国际上大肆宣扬"中国威胁论"，想以此来遏制中国经济的发展。例如，西方国家阻挠华为在海外的业务扩展等。而随着中国企业的不断壮大，这种政治因素带来的国际化供应链挑战将会越来越严重。

第二，法律、文化方面带来的风险。虽然打开了国际市场，但有些企业对拓展到的所在国的文化并不熟悉，对所在国的法律更是认识模糊，于是，与外国企业之间常发生商业纠纷，这些都给中国企业的国际化供应链发展带来巨大挑战。例如，欧盟虽然是一个组织，但欧盟各国的经济发展状态及各国的文化、竞争环境、市场成熟度、消费者偏好等却存在很大差异。

第三，供应商等合作伙伴带来的风险。企业供应商的选择对建立国际化供应链是至关重要的，不但可以帮助企业提升供应链的整体竞争力，还可以使企业占领更多的市场份额。但实际上，很多企业更看重的是供应商提供的价格而非质量，这便会给企业供应链带来隐患，威胁到整个供应链的健康。

第四，原材料短缺带来的风险。一些关键材料的供应特别容易受到需求高峰或生产瓶颈造成广泛中断的影响。2018年年底，欧洲的塑料供应商曾发出预警，称某些用于生产汽车零部件等工程塑料部件的聚酰胺材料即将出现严重短缺。这一问题的根源在于前体化学品己二腈（ADN）的供应不足。汽车、电子、纺织和包装行业的企业可能被迫寻找其他替代品，虽然这一问题是暂时性的，但仍然需要一个稳妥的解决方案。

第五，劳资纠纷带来的风险。在运输作业中，劳工运动是一个长期存在的风险因素。罢工、加班禁令或"按劳办事"都会影响几乎全球任何一个地方的任何运输方式。

此外，恶劣天气、运输延误、自然灾害、盗窃、网络攻击和意外的质量问题等都会导致货物的正常流动，造成短期成本和交付的挑战，阻碍供应链的正常运行。

那么，面对全球供应链带来的风险，企业该如何应对呢？权威管理学专家认为，可以从以下几个方面来防范全球供应链带来的风险。

一是增强不确定因素的防范意识，把握住产业转型、消费升级的基本方向，推进产业链供应链柔性化、敏捷化、可定制化的发展。打造弹性供应链，即在供应链上保持超出正常需要的库存和能力的储备，用来满足产品的紧急需要或替代供应链中断而导致的损失，这是一种应对不确定性的传统方式。增强供应链柔性，即企业要事先制定一些突发事件应对措施，以防出现风险时措手不及。与多家供应商合作是增强企业供应链柔性的一个必要举措。此外，企业还要优化供应商网络，建立协同的国际化供应链。未来，供应链还需要从管理者思维转变为服务思维，一切以消费者的需要为目标构建产业链、供应链。这样的产业链、供应链，一定是柔性化、敏捷化、可定制的，且与数字化的进程密切相关。

二是要将风险分散化。将风险分散化可以降低风险，消除不确定性。当一个企业的供应链在不同国家中运营，在不同地区调动资源的时候，会减少因贸易壁垒或产品规范壁垒而造成的风险。此外，分散也能减轻运输的压力。分散采购可以带来更好的质量或者更低的成本。

三是要形成产业链、供应链的安全体系，提高对所涉国家文化的研究和国际法知识的储备。产业链、供应链安全包括三个层面：经济层面、政治层面、自然灾害层面。应对经济层面的风险，需要有较好的管控模式；应对政治层面的风险，则要求有全面的更高格局的应对模式；应对自然灾害层面的风险，更多地需要运用先进技术解决。只有了解各国在商业习惯、消费心理以及法律规定等方面的差异，了解各国的法律环境，才能使全球供应链得到健康发展。

四是建立双赢的伙伴关系。合作是供应链构成的基石。而一些企业为了追求短期利益的最大化，漠视供应链稳定，频繁更换供应商，这种做法会使企业随时面临供应链断裂的危险。所以，企业要想减小这种风险，需要与供应商结成战略伙伴关系，彼此间建立一种信任、合作、开放的长期关系，实现利益共享，风险共担。具体做法是：企业在不带有任何偏见、歧视，不设置跨区域合作障碍的情况下从全球市场寻找各种供应商，从质量、价格、交货速度、服务等方面选择最具竞争力的供应商。

五是企业需要紧跟时代潮流，把握数字化供应链变革机遇，加速企业与国际上质量与信息标准的接轨。数字化是先进的科学技术和现代的生产组织方式相融合的结果，是供应链现代化的一个重要标志。要通过构建数字化供应链体现企业的创新能力，通过数字资产创造新的价值。实现信息技术标准与国际接轨，可以消除不同国家的企业之间因为信息技术接口问题造成的信息鸿沟和由此带来的供应链风险。

六是建设全球化的供应能力。华为对供应链的管理便是从这一点着手的。例如，华为在硬实力上对全球资源进行整合，解决标准化问题，对 IT 管理系统进行改造，将公司的集成供应链功能扩展到全球；对全球供应网络进行规划和布局。其中，在建立全球化的集成供应链的问题上，华为解决了几个对供应链发展有所阻碍的问题，如海外销量预测的问题、全球化订单管理和交付的问题等。

七是企业在迈向国际化之前，必须先夯实自己内部的管理基础。公司内部管理的小问题一旦放到国际市场，就会立刻被放大，因此，企业应构建一套适应国内与国际市场业务运作的管理体系及流程，稳扎稳打，这样才会获得远征的成功。

八是培养国际化团队的工作能力。在增强全球供应链硬实力的同时，企业也要同步强化供应链的软实力。例如，加强本地化建设和对国际化团队能力的培养，提升全体员工的全球化工作能力。此外，还可以引进一批具有国际化视野的职业经理人和专业人士，提升供应链员工队伍的素质和能力，实现人才的全球化。

　　九是要进行持续的供应链变革和精细化管理。面对供应链的中断，更要采取精益的管理方法。例如，可以根据不同地区不同的库存要求、不同的交付要求、不同的物流运输条件，在全球化发展过程中，不断激励和驱动一线员工，不断创新和优化全球供应链管理系统。

　　此外，在企业大规模扩张供应链的同时，还要进行与时俱进的内外部管理变革；善用知识管理，让经验和知识为公司创造价值；发挥和调动一线员工的聪明才智进行变革；勇于向世界一流的企业学习，发现自己的不足并加以改进。

第十章

未来已来，
物联网与智能供应链

物联网技术及其应用场景

物联网技术（Internet of Things，简称IoT）起源于传媒领域，是信息科技产业的第三次革命。"物联网"的概念是由美国麻省理工学院于1999年提出的，是指通过信息传感设备，按约定的协议，将任何物体与网络相连接，物体通过信息传播媒介进行信息交换和通信，以实现智能化识别、定位、跟踪、监管等功能。

物联网其实是互联网的一个延伸，互联网的终端是计算机，物联网的终端则不再是计算机，而是嵌入式计算机系统及其配套的传感器，这是计算机科技发展进步的必然结果，也就是说，物联网是指各类传感器和现有的互联网相互衔接的一门新技术。

物联网从提出到发展至今，已经从最开始的示范展示与试用阶段发展至完全链接的实用阶段，在防灾减灾、资源控制与管理、新型能源开发与管理、食品安全与公共卫生、智慧医疗与健康养老、生态环保与节能减排、新型农业技术运用与管理、城市智能化管理、现代物流、国防工业十大领域发挥了巨大作用。

（一）智能交通

智能交通是物联网的一种重要体现形式，是将先进的科学技术，如信息技术、计算机技术、数据通信技术、传感器技术、人工智能等，有效地综合运用于交通运输、服务控制和车辆制造，加强车辆、道路、使用者三者之间的联系，从而形成一种保障安全、提高效率、改善环境、节约能源的综合运输系统。

物联网应用于智能交通的典型案例有不停车收费系统和实时交通信息服务。电子收费系统是我国首例在全国范围内得到规模应用的智能交通系统，它能够在车辆以正常速度行驶过收费站的时候自动收取费用，降低了收费站附近交通拥堵的概率。

实时交通信息服务是智能交通系统最重要的应用之一，能够为出行者提供实时信息，如交通路线、安全提醒、天气情况、路况信息等，主要作用有让驾驶员清楚当前所处的准确位置，了解当前路段及附近地区的交通状况，帮助驾驶员选择最优的路线，还能帮助驾驶员找到附近的停车位，也能为乘客提供实时公交车到站信息等。

（二）智慧农业

智慧农业是指利用物联网、大数据等现代信息技术与农业深度融合，实现农业生产全过程的信息感知、精准管理和智能控制的一种全新的农业生产方式。

借助物联网技术，农场主可利用无线物联网应用程序收集有关牲畜的位置和健康状况的数据，有助于防止疾病传播，并降低劳动力成本。农业种植可通过传感器、摄像头和卫星等收集数据，实现农作物数字化和机械装备数字化发展。

（三）智慧物流

智慧物流是指通过智能软硬件、物联网、大数据等智慧化技术手段，实现物流各环节精细化、动态化、可视化管理，提高物流系统智能化分析决策和自动化操作执行能力，提高物流运作效率的现代化物流模式。

智慧物流应用于物联网领域主要体现在三个方面：仓储、运输监测以及快递终端等。例如智能快递柜，它具有对物体进行识别、存储、监控和管理等功能，与计算机服务器一起构成智能快递投递系统。

计算机服务端将智能快递终端采集到的数据进行处理，并实时在数据后台更新，方便工作人员进行查询快递、调配快递、快递终端维护等操作。快递员将快递送达指定地点，将其存入快递终端后，智能系统会自动为用户发送短信，用户可在24小时内随时去智能柜取快递。

（四）智能制造

智能制造是物联网的一个重要应用领域，主要体现在数字化及智能化的工厂改造上，包括工厂机械设备监控和工厂的环境监控。

以生产设备的故障与检修为例，一个汽车组装工厂有上百道工序，每天的产量是1000台小轿车，如何保证一年365天无故障呢？智能制造模式就可以实现，将设备运行的数据进行分析对比，提前可预知发生故障的设备，邀请维护人员上门维护。如果是传统制造模式，机器出现故障，至少要停产两天，损失是非常大的。

（五）智能安防

传统安防对人员的依赖性比较大，耗费人力且漏洞多，图像技术、监控技术、警报技术非常差。而智能安防能够通过设备实现智能判断，一旦安防设备出现异常，就会发出警报，工作人员可及时地对警报事件采取措施，降低损失。

例如，门禁警报系统和烟感探测消防系统就是智能安防的典型例子，有了门禁警报系统，人们通过手机就可以掌握家里的一切，一旦门禁出现异常，手机和门禁立刻发出警报，用户可以及时采取措施进行处理。烟感探测是消防中最常见的装置，一旦烟雾达到烟感探测器的值，就会启动自动喷水装置并发出警报，管理人员可根据终端的反馈及时赶到现场，采取措施，降低损失。

（六）智能医疗

智能医疗是通过打造健康档案区域医疗信息平台，利用最先进的物联网技术，实现患者与医务人员、医疗机构、医疗设备之间的互动，逐步达到信息化。

物联网技术能有效地帮助医院实现对人的智能化管理和对物的智能化管理。对人的智能化管理是指通过传感器对人的生理状态进行监测，主要是指医疗可穿戴设备，将获取的数据记录到电子健康文件中，方便查阅。

此外，通过RFID技术对医疗设备、物品进行监控与管理，实现医疗设备、用品可视化。例如，将RFID技术应用在药品的存储、使用、检核流程中，可防止缺货及方便药品召回，避免类似的药品名称、剂量与剂型之间发生混淆；将RFID技术应用到血液管理中，能有效避免条形码容量小的弊端，实现非接触式识别，减少血液污染，提高数据采集效率。

如今，物联网已经与人们的生活息息相关，物联网技术的应用远不止以上六大领域，相信在不久的将来，物联网会渗透到人们生活的方方面面，给人们的生活带来质的变化。

智能供应链管理的巨大价值

供应链是指生产及流通过程中，涉及将产品或服务提供给最终用户活动的上游与下游企业所形成的网链结构。当前经济全球化显著改变了国际市场，传统供应链的弊端更加明显，物流成本高，企业水平参差不齐，协同性差，且无法准确了解用户需求。在云计算、AI、大数据loT、区块链等技术的支持下，智能供应链应运而生。

（一）智能供应链的优势

智能供应链解决了传统供应链的诸多弊端，主要体现在数据化、可视化、智能化等方面。

1.数据化

智能供应链基于云计算、AI、IoT、大数据等技术，可以通过对供应链数据即时收集、分析、反馈、预测、协同等干预方式，把庞杂交错的供应链运营及信息流进行数据化后并行处理，为智能决策打下基础。

2.可视化

智能供应链可以将生产、流通、消费环节的数据进行可视化，让供应链上的每个企业都能清楚地了解相关信息，增加了供应链的协同性。

AIRBUS是世界上最大的商务客机制造商之一，由于它的供应商所处的地理位置相对分散，AIRBUS很难跟踪各个部件、组件和其他资产从供应商仓库运送到制造基地过程中的情况。

于是，该公司创建了一个智能的感应解决方案，部件从供应商的仓库运抵组装线的过程中，它们会途经一个智能集装箱，这种集装箱用于盛放保存有重要信息的RFID标签。在每个重要的接合点，读卡机都会审查这些标记。如果货物运错了地方或没有包含正确的部件，系统会发出警报，方便问题尽快解决。这一方案不仅节省了运输费用，还提高了部件流动的总体效率。

3.智能化

智能供应链可以帮助企业进行智能建模、智能决策，并将决策反馈到各业务系统，做出更精准、更高效、更一致性的智能化决策，促使决策体系不断进化和成长。

截至2019年年底，百胜中国物流在全国共有24个物流中心和5个整合中心，它在运输管理系统(TMS)成功实施基础上进一步尝试将物联网技术应用到业务管理中，建立IoT监控平台，对全国每天运行冷藏运输车辆进行实时温度采集、监控和轨迹追踪。

运输商按照百胜中国物流的标准投入和管理车载温度监控设备，与百胜中国物流IoT平台统一数据对接和实时传输，就可以实时定位和展示车辆的当前位置、行车轨迹及冷藏车辆不同温层的货物和环境温度变化曲线，并配合后台大数据处理分析及时预警。

（二）智能供应链管理行家：京东、德州仪器公司

在智能供应链方面，京东是做得最好的企业。这主要体现在消费、流通、生产三个方面。京东的智能客服可支持10亿＋商品咨询，并精准地分析用户意见；京东在中国大陆区县覆盖率高达99%，并拥有万级网络规划，能提升全网时效5%；京东的C2M反向定制供应链与传统方式相比，可缩短企业新品上市周期67%，京东的自动补货平台，对生产的预测准确率高达92%。

值得称赞的是，京东在体会到了智能供应链的益处之后，将这项技术研发出来，恩泽天下。2018年4月15日，京东公布了AI开放平台NeuHub。NeuHub平台由模型定制化平台和在线服务模块构成，如语音交互、自然语言处理、计算机视觉等在线服务模块。通过建立算法技术、应用场景、数据链间的连接，为各行各业赋能。

NeuHub平台的核心功能主要包括四个方面，即市场洞察：识别竞品，了解市场上商品销售趋势和竞争力排名情况，洞察目标的潜在客户，识别市场规模和竞争饱和度；用户洞察：对用户的购物行为进行分析与预测，包括推断用户行为动机和预测用户行为；智能营销：基于用户画像、需求预测、用户行为因果推断等，选择合适的时机对用户进行精准营销；反向定制：企业基于用户数据，定制满足客户需求的爆款产品。

由于京东有海量的用户和大量的商品数据，从这些数据中就可以挖掘出客户潜在的消费需求，实现产品因人而制定，有助于提升新品转化，实现老产品升级。

京东就曾与格力合作，进行了一系列的反向定制。首先，京东凭

借平台的大数据并对其进行分析，找出更适合升级更具有潜力的核心单品。然后，京东通过数据模拟模型，制定出更好的产品属性方案，最后经过智能供应链平台的模型预测和市场分析，来验证方案的可行性和成功概率。

除京东外，很多大型企业也开始尝试智能供应链管理，例如美国德州仪器公司，这是一家全球性的半导体公司，主要提供创新的DSP和模拟技术，以满足客户在现实世界中信号处理的需要。

对于在世界主要大陆拥有制造和销售中心的制造型企业来说，如何协调遍布世界各地的工厂的采购、生产和销售，将其整合在一个架构之下，即时协调工作，是首先要解决的问题。

后来，德州仪器选择了美商智佳科技公司（简称i2）作为合作伙伴，利用i2解决方案开展了新的供应链管理计划来优化全球业务，供应链成功改革后，使德州仪器的晶片加工、成组测试部门及产品配送中心可以协调工作，同时缩短了产品规划周期和客户订货交付时间，并降低了库存量，提高了对于市场预测的准确度。

智能供应链管理将成为未来发展的一种趋势，只有与时俱进，进行供应链改革创新，企业才能在市场竞争中占据优势。

面向未来：供应链智能化升级

当今社会，全球经济已进入供应链时代，企业与企业之间的竞争逐渐转化为企业所处的供应链与供应链之间的竞争。随着新技术的不断进入，企业将面临新的机遇和挑战。例如，人工智能、机器人、远程维护、预测分析、云计算、物联网、3D打印等，利用这些突破性技术可以进一步降低制造业成本，并提高生产的品质和速度，打造智慧、高效的供应链将成为企业在市场竞争中获得优势的关键。

2019年11月19日，由京东集团主办的JDD-2019京东全球科技探索者大会在京开幕，中国工程院院士、中国工程院原副院长、中国互联网协会原理事长邬贺铨在会上谈到5G高性能扩展到智能产业化，将推动AI+IoT发展到AIoT（智联网）。他认为对于5G下AIoT引领的供应链变革，将在机器人、工业互联网、区块链、车联网等领域的应用上给供应链带来更多改变。

在机器人领域，基于5G网络可以实现云端统一调度大量机器人，可实现数百个机器人协同作业；在工业互联网领域，云平台架构上的PaaS环节结合大数据分析与人工智能，使整个产业链供应链的分析更加全面；区块链领域，利用区块链可以实现5G的产品溯源，避免人为造假。在车联网领域，5G可以让车到车、车到云、车到红绿灯、车到停车场实现很好地通信，大幅提高交通效率和交通安全。

总之，5G推动下的AIoT可覆盖企业设计、采购、生产、物流、交付全供应链，贯通商流、物流、资金流、信息流，将促进效率的提高，以及整个供应链的智能化升级。在供应链智能化升级方面，京东一直走在行业前列，京东的布局一直围绕"技术"展开。

2004年，京东进军电子商务，通过互联网技术，降低传统行业成本，改善用户体验，并先后布局电商、物流、金融等业务领域。

2017年，京东对未来发展战略进行部署，提出未来12年所有创业模式都要用技术进行改造，将京东变成技术公司，京东的技术转型之战正式打响，将大数据、云计算、人工智能、物联网等新兴技术全面深入融进京东业务之中。

2019年12月，京东将原京东云、京东人工智能、京东物联网整合成为京东云与AI事业部。融合三类技术，为客户提供丰富的云计算、人工智能、物联网服务和一站式解决方案。

2020年3月，"京东智联云"品牌正式升级，京东智联云依托智能供应链完善的平台架构和服务体系，对外输出技术与服务。"京东智联云"的技术亮点主要包括帮助企业实现新旧动能转换、NeuFoundry帮助企业快速打造智能中台、传统客服向智能客服升级转型，以及C2B反向定制驱动智能供应链变革。

在帮助企业实现新旧动能转换方面，京东智联云构建了一个人工智能公共服务平台作为AI基础设施，整体架构包括底层基础支撑、技术中台、解决方案中台、产品形态、应用场景几部分。

技术中台包括人工智能、大数据、区块链、AR、VR、京东物联网等基础能力，作为技术赋能的平台。在技术中台上有针对产业生产的全链条流程，京东智联云利用平台优势，帮助企业实现新旧动能转换。例如，企业要开发新产品，京东智联云就能在关注用户、使用场景、竞争优势、投入产出比等方面进行分析，为企业提供参考。

NeuFoundry是京东智联云基于京东丰富的业务场景，以国家级智能供应链平台为背书，为企业定制的智能中台。它覆盖从数据标注—模型开发—模型训练—服务发布—生态市场的人工智能开发全生命周期，并预置高净值的脱敏数据、经实战验证的成熟模型及典型项目场景，同时提供多种安全、灵活可定制的部署及交付方案。

在智能客服升级转型方面，京东很早就开始在智能客服机器人领域布局，京小智售前导购机器人就是该布局中的重要一环，京小智通过智能应答系统，能够回答用户提出的各种问题，甚至能像人一样学习精准的智能营销导购技能，实现客户转化。

智能C2B平台由市场洞察、用户洞察、品牌营销和反向定制4个核心模块组成。通过市场洞察和用户洞察相应的消费数据分析，反哺到生产和消费侧，提供反向定制、精准营销等定制化产品服务，提升商品竞争力和销售表现。京东的C2B反向定制可帮助企业进行爆款定制，提升新产品，转化、实现老品升级等。

如今越来越多的企业像京东一样，开始重视供应链智能化升级，但是从中国制造行业供应链系统构建的总体情况来看，还存在以下问题亟待解决：

第一，对智能供应链认识不充分，只知道智能制造是大趋势，却不知如何去做，缺乏智慧供应链战略，没有明确的价值方向引导，使企业在面向智能制造时困难重重。

第二，企业物流系统建设落后于生产装备建设，物流作业仍处于手工或机械化阶段，物流信息化水平不高，距离物流智能化还很远。

第三，智慧供应链建设离不开供应链上下游企业的协同互动，而这需要依靠物联网、云计算等技术，构建智慧供应链平台，但目前一些企业还不具备这方面的能力。

总之，供应链智能化是大势所趋，中国的企业距离供应链智能化还有很长一段路要走，仍需努力。

｜智能供应链与工业4.0｜

工业4.0是基于工业发展不同阶段做出的划分，工业1.0是蒸汽机时代，工业2.0是电气化时代，工业3.0是信息化时代，工业4.0则是利用信息化技术促进产业变革的时代，即智能化时代。

工业4.0这一概念最早是在2013年德国汉诺威工业博览会上正式推出的，其核心目的是提高德国工业的竞争力，在新一轮工业革命中占领先机。

德国学术界和产业界一致认为，"工业4.0"概念即是以智能制造为主导的第四次工业革命，或革命性的生产方法，工厂将生产设备、无线信号连接和传感器集成到一个生态系统平台中，就可以监督整个生产线流程并自主执行决策。该系统利用了信息物理系统、物联网、工业物联网、云计算和人工智能等技术。

在智能制造时代，制造企业的供应链具有更多市场要素、技术要素和服务要素。若没有智能化供应链的引导，智能制造无法形成商业模式的创新，相比于传统供应链，智能化供应链具有鲜明的特点。

在智能供应链时代，更强调系统优化与全供应链的绩效，而不仅是局部优化的绩效，因此也更注重供应链上各个企业的协同性；不再是只有制造才是增值的，需要明确的是客户埋单的才是增值的，物流、研发都可以实现增值，但过量生产却是浪费；企业要直面客户或者潜在客户，需要站在客户端思考"客户需要什么样的服务"，要主动分析、主动服务，满足客户个性化的需求；更重视全价值链的精益制造，从精益生产开始，拉动精益物流、精益采购、精益配送等，全过程都必须是精益标准的，并达到量化管理，形成一体化控制体系。

此外，智能制造企业供应链，不再是以某个单一功能实现为目标的暂时性项目，而是打造制造企业服务能力的综合系统，这要求平台既要有良好的智能供应链基础，又要有智能化信息平台。

席卷全球的工业4.0革命影响着每一个行业，包括供应链管理，随着人工智能、物联网和区块链等众多创新技术在供应链中的应用，智能供应链管理应运而生，工业4.0中的一些重要技术，正在给供应链管理带来前所未有的变化。

（一）工业物联网

工业物联网是将具有感知、监控能力的各类采集、控制传感器或控制器，以及移动通信、智能分析等技术不断融入工业生产过程各个环节，从而大幅提高制造效率，改善产品质量，降低产品成本和资源消耗，最终实现将传统工业提升到智能化的新阶段。

工业物联网解决方案供应商会提供多种联网和通信工具套件，用于改造具有"智能"功能的旧设备，重型设备制造商则会与时俱进，在设计之初就考虑联网和智能设备的问题。当机器可以相互通信时，它们可以更精确地同步和优化其活动，并根据实际条件来调整生产，使用传感器收集有关机器健康状况的数据，工程师可根据生产计划来制定维护时间，尽可能地延长机器的使用寿命。

（二）区块链

从本质上说，区块链是一个共享数据库，存储于其中的数据或信息具有"不可伪造""全程留痕""可以追溯""公开透明""集体维护"等特点。

供应链中的每个企业借助区块链技术都可以建立一个永久透明的记录运营信息的分散分类账，将供应链上所有相关利益方纳入同一个管理平台中，使管理流程变得可信透明，并在整个供应链中创建真正的可追溯性，有效防止价格欺诈、付款延迟、运输延迟，省去中间商并有效降低交易费用。

航运巨头马士基与IBM合作开发了TradeLens区块链平台，其目的是提高物流效率，简化全球集装箱运输的文件记录。经测试，航运文书处理量减少10倍，运输时间平均下降40%，目前全球已有近百家合作伙伴加入该平台。

（三）3D打印

根据估算，传统制造业的平均废弃物占全部材料的21%，3D打印不仅能将材料的总体浪费降到10%以下，还可以大幅减少碳排放。当然，3D打印也使生产更多产品原型的速度更快、更具成本效益。

3D打印技术，对制造商和整个供应链而言，都是一大福音。这会让生产资料更贴近客户，客户可以通过一些途径，比如百货公司、汽车零件商店等，订购3D打印商品，包括定制选项。这样一来，制造商就不需要在世界各地运输产品和部分组装好的产品。

工业4.0时代带来的远不止以上这些技术，对供应链的影响也是无限大的。工业4.0虽然聚焦于智能化，但智能制造并不是单指设施设备的自动化、智能化。例如，有的企业为了打造智能化工厂，花重金购买装备，但真正用于生产时，才发现这些设备无法匹配到一起，因为它们不在一个逻辑上。也就是说，购买最佳的装备，并不代表企业就拥有供应链的联动思维，最终导致难以达到智能制造的效果。

当然，所有的连接都要付出代价，Gemalto的研究表明，48%的被调查公司仍然没有能力检测基于物联网的安全漏洞。有些公司虽然已部署了物联网解决方案，但缺乏检测入侵所需的内部人才和工具，这一点应该引起企业的高度重视，但不管怎样，工业4.0仍在使制造业和世界变得更加美好。

华为智能供应链变革实例

当下是大数据、物联网、机器人、人工智能、5G开启的时代，以智能制造为主导的第四次工业革命已经到来，供应链正在走向数字化、智能化，包括数字化、智能化的客户和供应商，数字化、智能化的采购系统、生产系统、物流和库存系统。

2016年，华为提出了面向未来的ISC+变革是要"实现超越，成为行业领导者"的战略目标，并对供应链体系提出了清晰的变革要求，即通过业务与技术的双轮驱动，构建及时、敏捷、可靠的主动型供应链，使华为现有的供应链"更简单、更及时、更准确"。

通过ISC+变革，华为要实现六大转变：以线下为主的业务模式转变为线下、线上并重；将大量手工作业的工作内容转变为系统自动化处理；将原信息串行传递的工作方式转变为信息共享的协同并行作业方式；将依赖个人经验和直觉判断的决策模式转变为基于统一的数据仓库和数据模型的数据分析使能的决策支持模式；将原来以深圳为中心的"推"式计划分配模式转变为预测驱动的"拉"式资源分配模式；将原来的集中管理方式转变为一线自主决策、总部机关提供能力支撑和监管的管理模式。

为了实现以上六大转变，华为围绕三大主线启动了八个子项目。三大主线分别是简化交易的主线、数字化供应链转型的主线、业务服务化和IT轻量化的主线。

简化交易的主线：以提高客户交易体验和一线工作效率为目标，从线下交易转变为线上交易，并与客户系统对接，实时响应客户需求。

数字化供应链转型的主线：实现供应链从信息化向数字化转型，从人工作业向自动化和智能化转型，从智能化向协同化转型。

业务服务化和IT轻量化的主线：从集中化的ERP管理系统向分布式的云平台转变，对系统结构解耦，进行模块化设计。

八个子项目分别是客户在线协同项目、订单结构重构和生命周期管理项目、共享互动式集成计划项目、智能运营中心项目、供应策略、供应路径和可插拔供应网络项目、多级供应商协同项目、数字化制造项目，以及轻量化IT架构项目。

经过3年多的ISC+变革，华为基本实现了变革蓝图中产品的大部分功能，覆盖了供应链的大部分环节，数据底座基本构建完成，运营工作也已陆续展开。此外，驱动前端销售和产品变革，实现了公司从客户端到供应商端、从内到外的全流程打通，具体表现在三个方面。

第一，实现了与客户的数字化连接，从线下交易到线上交易的转变，改善了用户的交易体验，结合客户在线协同管理功能，实现了业务自动化与智能化，变被动响应为主动服务。

第二，实现了与供应商产业链的数字化连接，使业务更透明，风险更可控，结合供应商在线协同管理系统，形成产业链的协同作用，多级供应商的供应能力可视、可管、可跟踪，风险可预警。

第三，实现了华为内部的供应链数字化转型，使供应链更智能。

华为经过ISC+变革，其成果喜人，通过供应链绩效指标，华为的进步与改善清晰可见，主要表现在PO处理时间缩短到分钟级，库存周转天数缩短10余天，仓储面积减少了数十万平方米，物流成本节约数亿元，自动化作业增多，实际工作人员数量在销售收入增长的前提下非增反减，此外，还增加了公司的可持续性供应能力，并降低了供应风险。

华为经过ISC+变更，初步实现了对人机协作、智能化、自动化的供应链全面协同管理，距离价值创造的主动型供应链管理目标更近一步。

在当今瞬息万变的全球化商业环境中，变化发生得越来越频繁，这就要求企业比以往更加灵活地预测变化，处理变化，通过不断地改革和自我更新，来寻求发展和壮大，华为深谙其中的道理，在供应链管理领域，华为作为传统制造业，率先进行智能化转型，说明华为一直走在努力变革的道路上，而那些故步自封的企业唯有灭亡一条路可走。

据统计，从1955年《财富》杂志第一次发布世界500强名单开始至今，只有12%的企业还停留在500强企业名单里，能将企业做到世界500强之列，都绝非等闲之辈，如今却名落孙山，其原因就在于没有与时俱进，跟上时代的步伐，及时变革和转型。

当前，以"德国工业4.0"为代表的工业发展战略在全球范围内影响深远，包括中国、美国在内的很多国家纷纷提出类似战略，如中国提出了要实施"中国制造2025"，加快从制造大国向制造强国的转变，以应对愈加激烈的经济竞争。

与此同时，很多企业也在进行数字化转型，以更好地满足工业4.0时代的形势需求，华为的成功告诉我们一个道理：以变求强，方能立于不败之地，方能强盛于万邦之间。